CUPCAKES & MUFFINS VON A–Z

DIE DR. OETKER GELING-GARANTIE

UNSER VERSPRECHEN

Liebe Leserin, lieber Leser,

mit den Rezepten in unseren Koch- und Backbüchern möchten wir Sie und Ihre Lieben glücklich machen. Zum Glück braucht es den Erfolg, und den kaufen Sie mit jedem Dr. Oetker Buch gleich mit.

Dafür gibt es die *Dr. Oetker Geling-Garantie*. Sie ist unser Versprechen, dass alle Rezepte aus diesem Buch ganz einfach und sicher gelingen. Die Geling-Garantie startet schon bei der Zutatenliste: Alle Zutaten, die wir verwenden, sollten Sie leicht in Ihrem Supermarkt vor Ort einkaufen können. Jeder Zubereitungs-Schritt ist klar und einfach nachvollziehbar.

Eine Garantie können wir Ihnen aber auch deshalb mit gutem Gewissen geben, weil alle Rezepte dieses Buches von unserem erfahrenen Team entwickelt wurden. Anschließend haben wir jedes Gericht in einer ganz normalen Küche nachgekocht oder nachgebacken. Immer wieder. So lange, bis wir uns sicher waren, dass es gelingt. Und zwar auch bei Ihnen zu Hause.

Was wir versprechen, halten wir auch. Sollte beim Kochen oder Backen eines unserer Rezepte dennoch etwas danebengehen oder Ihnen einfach nicht schmecken, dann lassen Sie es uns wissen. Schreiben Sie oder rufen Sie uns an! Wir werden das Rezept nochmals kritisch prüfen und Ihnen helfen, herauszufinden, woran es gelegen haben könnte. Sie erreichen uns unter der Telefonnummer: +49 (0) 89 - 5 48 25 15 - 0.
Oder schreiben Sie uns eine E-Mail unter: redaktion-oetker@zsverlag.de

Natürlich freuen wir uns aber auch über weitere Rückmeldungen und über Lob. Ihre Ideen, Kommentare und Fragen können Sie jederzeit auch über Facebook posten: www.facebook.com/Dr.OetkerVerlag. Wir sind für Sie da. Garantiert.

Mit herzlichen Grüßen
Ihre Dr. Oetker Redaktion

ALLGEMEINE HINWEISE ZU DEN REZEPTEN

Lesen Sie vor der Zubereitung – besser noch vor dem Einkauf – das Rezept einfach einmal vollständig durch. Aus dem Zusammenhang werden die Zubereitungs-Schritte deutlicher und verständlicher.

STÜCKANGABEN

Die Anzahl der Stücke finden Sie in jedem Rezept ausgewiesen.

ARBEITSSCHRITTE

Die Zutaten sind in der Reihenfolge ihrer Verarbeitung aufgeführt. Jeder Arbeitsschritt ist einzeln hervorgehoben und extra nummeriert. So haben wir die Rezepte für Sie auch entwickelt und ausprobiert.

ZUBEREITUNGSZEIT UND BACKZEIT

Die angegebene Zubereitungszeit schließt die Dauer der Vorbereitung und die eigentliche Zubereitung mit ein. Sie ist ein Anhaltswert und kann je nach individuellem Geschick oder Übung natürlich ein wenig variieren. Längere Wartezeiten wie zum Beispiel Kühl- oder Abkühlzeiten oder auch Auftauzeit sind in der Regel nicht in der Zubereitungszeit enthalten. Einzige Ausnahme: In dieser Zeit sind parallel andere Arbeitsschritte zu tun. Die Backzeiten sind gesondert ausgewiesen.

BACKOFENEINSTELLUNG UND BACKZEITEN

Die in den Rezepten angegebenen Backtemperaturen und Backzeiten sind Richtwerte, die je nach individueller Hitzeleistung Ihres Backofens über- oder unterschritten werden können. Prüfen Sie nach Beendigung der angegebenen Backzeit, ob der Kuchen gar ist.
Die Temperaturangaben in diesem Buch beziehen sich auf Elektrobacköfen. Die Temperatur-Einstellungsmöglichkeiten für Gasbacköfen variieren je nach Hersteller, sodass wir keine allgemeingültigen Angaben machen können. Bitte beachten Sie deshalb bei der Einstellung des Backofens die Gebrauchsanleitung des Herstellers. Ein Backofenthermometer eignet sich dabei gut, um die Backofentemperatur im Blick zu haben.

EINSCHUBHÖHE

In den Rezepten in diesem Buch ist die Einschubhöhe immer dann die Mitte des Backofens, wenn nichts anderes angegeben ist.

HINWEISE ZU DEN NÄHRWERTEN

Bei den Nährwertangaben in den Rezepten handelt es sich um auf- bzw. abgerundete ganze Werte. Aufgrund von ständigen Rohstoffschwankungen und/oder Rezepturveränderungen bei Lebensmitteln kann es zu Abweichungen kommen. Die Nährwertangaben dienen daher lediglich Ihrer Orientierung und eignen sich nur bedingt für die Berechnung eines Diätplans.

ABKÜRZUNGEN UND SYMBOLE

EL	Esslöffel
TL	Teelöffel
Msp.	Messerspitze
Pck.	Packung/Päckchen
g	Gramm
kg	Kilogramm
ml	Milliliter
l	Liter
evtl.	eventuell
geh.	gehäuft
gestr.	gestrichen
gem.	gemahlen
ger.	gerieben
TK	Tiefkühlprodukt
°C	Grad Celsius

Kalorien-/Nährwertangaben

E	Eiweiß
F	Fett
Kh	Kohlenhydrate
kcal	Kilokalorie

Symbole

🕐 Zubereitungs-/Backzeit
▲ Mit Alkohol

ANANAS-LITSCHI-MUFFINS

🕐 Zubereitungszeit: 35 Minuten, ohne Abkühlzeit
Backzeit: 25–30 Minuten

ZUTATEN FÜR 12 STÜCK

ZUM VORBEREITEN:

18 Litschis
100 g frisches Ananasfruchtfleisch
 (vorbereitet gewogen)

FÜR DEN TEIG:

3 Eiweiß (Größe M)
3 Eigelb (Größe M)
80 g Zucker
2 TL Zitronensaft
30 ml Sonnenblumenöl
200 g Weizenmehl
3 gestr. TL Backpulver
100 g getr. Ananas, ungezuckert

ZUM GARNIEREN:

½ Pck. ungezuckerter Tortenguss, klar
1 EL Zucker
125 ml Apfelsaft

ZUSÄTZLICH:

12 Muffin-Papierbackförmchen

PRO STÜCK:

E: 4 g, F: 4 g, Kh: 32 g, kcal: 184

1. Zum Vorbereiten die Litschis aus der Schale lösen und die Kerne entfernen. 6 Litschis halbieren. Das Ananasfruchtfleisch in kleine Stücke schneiden, in einen Rührbecher geben und mit einem Pürierstab fein pürieren.

2. Den Backofen vorheizen.
Ober-/Unterhitze: etwa 180 °C
Heißluft: etwa 160 °C

3. Für den Teig Eiweiß mit einem Mixer (Rührstäbe) steif schlagen. Der Schnee muss so fest sein, dass ein Messerschnitt sichtbar bleibt.

4. In einer anderen Schüssel Eigelb und Zucker mit dem Mixer (Rührstäbe) auf höchster Stufe etwa 3 Minuten schaumig schlagen.

5. Zitronensaft, Speiseöl sowie das Ananaspüree zugeben und sorgfältig unterrühren.

6. Das Mehl mit dem Backpulver vermischen und unterheben. Getrocknete Ananas in sehr kleine Stückchen schneiden und unterheben. Zuletzt Eischnee unter den Teig heben.

7. Teig in die Mulden einer Muffinform (für 12 Muffins, mit Papierbackförmchen ausgelegt) geben und glatt streichen. Jeweils 1 Litschi in die Mitte setzen.

8. Die Form auf dem Rost in den vorgeheizten Backofen schieben. Die Muffins **25–30 Minuten backen.**

9. Die Form auf einen Kuchenrost stellen. Die Muffins etwa 5 Minuten in der Form abkühlen lassen. Anschließend aus der Form lösen und auf dem Kuchenrost erkalten lassen.

10. Zum Garnieren aus Tortengusspulver, Zucker und Saft einen Guss nach Packungsanleitung zubereiten. Die halbierten Litschis auf den Muffins verteilen und mit Tortenguss übergießen. Den Guss trocknen lassen.

TIPP:

Sie können auch abgetropfte Litschis aus der Dose verwenden.

VON A–Z

ANANAS-MARZIPAN-CUPCAKES

⏱ Zubereitungszeit: 40 Minuten, ohne Kühlzeit
Backzeit: etwa 35 Minuten

ZUTATEN FÜR 12 STÜCK

FÜR DEN TEIG:

260 g abgetropfte Ananasstücke (aus der Dose)
125 g Marzipan-Rohmasse
170 g Butter oder Margarine (zimmerwarm)
60 g brauner Zucker
1 Pck. Bourbon-Vanille-Zucker
3 Eier (Größe M)
200 g Weizenmehl
2 gestr. TL Backpulver
2 EL Ananassaft (aus der Dose)

FÜR DAS TOPPING:

15 g Speisestärke
25 g brauner Zucker
165 ml Kokosmilch
90 g Butter (zimmerwarm)
etwa 75 ml fertige Schokoladensauce

ZUSÄTZLICH:

12 Muffin-Papierbackförmchen

PRO STÜCK:

E: 5 g, F: 26 g, Kh: 32 g, kcal: 387

---

1. Für den Teig von den Ananasstücken den Saft auffangen und 2 Esslöffel für den Teig abmessen. Die Ananasstücke kleiner schneiden. 12 Ananasstücke zum Garnieren beiseitelegen.

2. Den Backofen vorheizen.
Ober-/Unterhitze: etwa 180 °C
Heißluft: etwa 160 °C

3. Marzipan-Rohmasse grob raspeln, mit Butter oder Margarine in einer Rührschüssel mit einem Mixer (Rührstäbe) auf höchster Stufe geschmeidig rühren. Nach und nach Zucker und Vanille-Zucker unterrühren. So lange rühren, bis eine gebundene Masse entstanden ist. Eier nach und nach unterrühren (jedes Ei etwa ½ Minute).

4. Mehl mit Backpulver mischen und in 2 Portionen kurz unterrühren. Ananasstückchen und Saft unterheben.

5. Teig in den Mulden einer Muffinform (für 12 Muffins, mit Papierbackförmchen ausgelegt) verteilen. Die Form auf dem Rost in den vorgeheizten Backofen schieben. Die Cakes **etwa 35 Minuten backen.**

6. Die Form auf einen Kuchenrost stellen. Die Cakes etwa 5 Minuten in der Form abkühlen lassen, dann aus den Mulden heben und auf dem Kuchenrost erkalten lassen.

7. Inzwischen für das Topping Stärke mit Zucker in einem kleinen Topf mit der Kokosmilch verrühren. Die Flüssigkeit bei starker Hitze unter Rühren zum Kochen bringen, sodass ein Pudding entsteht. Den Topf von der Kochstelle nehmen. Pudding unter Rühren erkalten lassen (nicht kalt stellen).

8. Die Butter in einer Rührschüssel mit dem Mixer (Rührstäbe) geschmeidig rühren und den erkalteten Pudding esslöffelweise unterrühren. Danach die Puddingcreme in einen Spritzbeutel mit Sterntülle (Ø etwa 8 mm) füllen. Die Creme in Tupfen auf die Cakes spritzen. Die Cakes mit den beiseitegelegten Ananasstückchen garnieren und mit je 1 Teelöffel Schokoladensauce beträufeln.

9. Die Ananas-Marzipan-Cupcakes etwa 30 Minuten in den Kühlschrank stellen und dann servieren.

ANANAS-MOHN-MUFFINS

🕐 Zubereitungszeit: 20 Minuten, ohne Abkühlzeit
Backzeit: 25–30 Minuten

ZUTATEN FÜR 12 STÜCK

ZUM VORBEREITEN:

140 g abgetropfte Ananasscheiben (aus der Dose)

FÜR DEN RÜHRTEIG:

250 g Weizenmehl
2 gestr. TL Backpulver
250 g Mohnbackmischung
100 g brauner Zucker
1 Prise Salz
5 EL neutrales Pflanzenöl,
    z. B. Sonnenblumen- oder Rapsöl
200 ml Buttermilch mit Zitronengeschmack
2 Eier (Größe M)

FÜR DEN GUSS:

100 g Puderzucker
2 EL Ananassaft
80 g kandierte exotische Früchte,
    z. B. Papaya, Ananas, Mango

ZUSÄTZLICH:

12 Muffin-Papierbackförmchen

PRO STÜCK:

E: 5 g, F: 8 g, Kh: 49 g, kcal: 300

1. Zum Vorbereiten die Ananasscheiben in einem Sieb abtropfen lassen und 2 Esslöffel Saft dabei auffangen. Die Ananasscheiben in kleine Würfel schneiden.

2. Den Backofen vorheizen.
Ober-/Unterhitze: etwa 180 °C
Heißluft: etwa 160 °C

3. Für den Teig Mehl und Backpulver mischen. Die Mohnbackmischung mit Zucker, Salz, Öl und Buttermilch in eine Rührschüssel geben. Die Zutaten mit einem Mixer (Rührstäbe) gut verrühren.

4. Die Eier nach und nach unterrühren (jedes Ei etwa ½ Minute). Die Mehlmischung in zwei Portionen auf mittlerer Stufe kurz unterrühren. Danach die Ananaswürfel vorsichtig unterheben.

5. Den Rührteig in die Mulden einer Muffinform (für 12 Muffins, mit Papierbackförmchen ausgelegt) geben und glatt streichen. Die Form auf dem Rost in den vorgeheizten Backofen schieben. Die Muffins **25–30 Minuten backen.**

6. Die Form auf den Kuchenrost stellen. Die Muffins etwa 10 Minuten in der Form abkühlen lassen. Anschließend aus der Form lösen und auf dem Kuchenrost erkalten lassen.

7. Für den Guss Puderzucker mit dem Ananassaft zu einem dickflüssigen Teig verrühren. Die Muffins damit bestreichen. Die kandierten Früchte in Streifen schneiden und auf den Guss streuen. Trocknen lassen.

APFEL-CUPCAKES

⏱ Zubereitungszeit: 40 Minuten, ohne Abkühlzeit
Backzeit: etwa 30 Minuten

ZUTATEN FÜR 12 STÜCK

ZUM VORBEREITEN:

1 großer Apfel (etwa 220 g)
20 g frischer Ingwer
20 g Marzipan-Rohmasse
½ TL gesiebter Kakao zum Backen

FÜR DEN RÜHRTEIG:

180 g Butter oder Margarine (zimmerwarm)
160 g Zucker, 3 Eier (Größe M)
180 g Weizenmehl
1 gestr. TL Backpulver

FÜR DAS TOPPING:

180 g Butter (zimmerwarm)
1 EL Puderzucker
140 g rotes Johannisbeergelee
50 g Crème fraîche (zimmerwarm)
12 vorbereitete Zitronenmelisseblättchen oder 12 Schoko-Dekor-Blätter

ZUSÄTZLICH:

12 Muffin-Papierbackförmchen

PRO STÜCK:

E: 4 g, F: 29 g, Kh: 35 g, kcal: 415

1. Zum Vorbereiten Apfel schälen, vierteln, entkernen und in kleine Stücke schneiden. Ingwer schälen und fein reiben.

2. Das Marzipan mit dem Kakao sehr gut verkneten. Aus dem Marzipan 12 Apfelstiele modellieren. Diese auf ein Stück Backpapier legen und trocknen lassen.

3. In der Zwischenzeit den Backofen vorheizen.
Ober-/Unterhitze: etwa 180 °C
Heißluft: etwa 160 °C

4. Für den Teig Butter oder Margarine mit einem Mixer (Rührstäbe) auf höchster Stufe geschmeidig rühren. Nach und nach Zucker unterrühren. So lange rühren, bis eine gebundene Masse entstanden ist.

5. Die Eier nach und nach unterrühren (jedes Ei etwa ½ Minute). Mehl mit Backpulver mischen und auf mittlerer Stufe kurz unterrühren. Zum Schluss die Apfelstücke mit dem fein geriebenen Ingwer vorsichtig unterheben.

6. Den Rührteig in die Mulden einer Muffinform (für 12 Muffins, mit Papierbackförmchen ausgelegt) geben und glatt streichen. Die Form auf dem Rost in den vorgeheizten Backofen schieben. Die Cupcakes **etwa 30 Minuten backen**.

7. Die Form auf einen Kuchenrost stellen. Cupcakes etwa 5 Minuten in der Form abkühlen lassen. Anschließend aus der Form lösen und auf dem Kuchenrost erkalten lassen.

8. Für das Topping die sehr weiche Butter und den Puderzucker mit einem Mixer (Rührstäbe) zunächst kurz auf niedrigster, dann auf höchster Stufe etwa 4 Minuten schaumig schlagen. Das Johannisbeergelee esslöffelweise unterrühren. Zuletzt die Crème fraîche kurz unterschlagen.

9. Das Topping mit einem Esslöffel oder einer kleinen Palette kuppelförmig auf die Cupcakes streichen. Den Marzipan-Stiel in die Mitte stecken und mit 1 abgespülten, trocken getupften Zitronenmelisseblättchen oder 1 Schokoblatt garnieren.

APFELMUS-ROSINEN-MUFFINS

🕐 Zubereitungszeit: 25 Minuten, ohne Abkühlzeit
Backzeit: etwa 30 Minuten

ZUTATEN FÜR 12 STÜCK

FÜR DEN TEIG:

170 g Weizenmehl
30 g Weichweizengrieß
3 gestr. TL Backpulver
1 Prise Salz
120 g Zucker
1 Pck. Vanillin-Zucker
250 g Apfelmus (aus dem Glas)
50 ml Buttermilch
100 ml Sonnenblumenöl
1 Ei (Größe M)
70 g Rosinen

FÜR DEN BELAG:

150 g Schmand (24 % Fett, Sauerrahm)
20 g Apfelchips (erhältlich in Bioläden oder bei Obsthändlern)

ZUM BESTÄUBEN:

1 EL Puderzucker

PRO STÜCK:

E: 3 g, F: 13 g, Kh: 33 g, kcal: 261

1. Den Backofen vorheizen.
Ober-/Unterhitze: etwa 180 °C
Heißluft: etwa 160 °C

2. Für den Teig Mehl, Weichweizengrieß, Backpulver, Salz, Zucker und Vanillin-Zucker in einer Rührschüssel mit einem Schneebesen verrühren.

3. Apfelmus mit Buttermilch, Sonnenblumenöl und Ei in einem Rührbecher mit dem Schneebesen verrühren. Die flüssigen Zutaten zu der Mehl-Grieß-Mischung in die Rührschüssel geben und zu einem glatten Teig verrühren. Rosinen unterrühren.

4. Den Teig in den Mulden einer Muffinform (für 12 Muffins, gefettet, bemehlt) verteilen. Die Form auf dem Rost in den vorgeheizten Backofen schieben. Muffins **etwa 30 Minuten backen.**

5. Die Form auf einen Kuchenrost stellen. Muffins etwa 5 Minuten in der Form abkühlen lassen, dann aus der Form lösen und auf dem Kuchenrost erkalten lassen.

6. Für den Belag Schmand verrühren und mit einem Teelöffel als breiten Klecks auf die erkalteten Muffins geben. Apfelchips in grobe Stücke brechen und in den Schmand stecken. Mit Puderzucker bestäuben. Muffins sofort servieren.

TIPP:

Statt Schmand können Sie auch griechischen Sahnejoghurt (10 % Fett) verwenden.

ABWANDLUNG:

Statt Apfelchips Eierlikör auf die Schmandkleckse träufeln.

APFEL-ROSEN-TÖRTCHEN

⏱ Zubereitungszeit: 50 Minuten,
ohne Teiggeh- und Abkühlzeit
Backzeit: 25–30 Minuten

ZUTATEN FÜR 10 STÜCK

FÜR DEN HEFETEIG:

200 g Weizenmehl
1 Pck. Trockenbackhefe
30 g Zucker
1 Pck. Vanillin-Zucker
1 Prise Salz
1 Ei (Größe M)
150 g Crème fraîche

FÜR DEN KNETTEIG:

100 g Weizenmehl
25 g Zucker
1 Pck. Vanillin-Zucker
50 g Butter
1 EL Wasser

FÜR DEN BELAG:

8 säuerliche Äpfel, z. B. Elstar
2 EL Zitronensaft
2 EL Zucker
1 geh. TL gem. Zimt

ZUM BESTREICHEN:

2 EL Aprikosenkonfitüre zum Bestreichen

PRO STÜCK:

E: 5 g, F: 10 g, Kh: 51 g, kcal: 327

1. Für den Hefeteig Mehl in einer Rührschüssel mit Trockenbackhefe sorgfältig vermischen. Restliche Zutaten hinzufügen, mit dem Mixer (Knethaken) zunächst kurz auf niedrigster, dann auf höchster Stufe in etwa 5 Minuten zu einem glatten Teig verarbeiten. Den Teig zugedeckt so lange an einem warmen Ort gehen lassen, bis er sich sichtbar vergrößert hat (etwa 30 Minuten).

2. Für den Knetteig alle Zutaten mit dem Mixer (Knethaken) zunächst kurz auf niedrigster, dann auf höchster Stufe gut durcharbeiten. Anschließend auf der leicht bemehlten Arbeitsfläche zu einem glatten Teig verkneten.

3. Für den Belag Äpfel abspülen, abtrocknen, vierteln, entkernen und in dünne Scheiben schneiden, diese mit Zitronensaft beträufeln. Dann in einer Pfanne kurz weich dünsten und anschließend erkalten lassen. Zucker mit Zimt mischen.

4. Den Backofen vorheizen.
Ober-/Unterhitze: etwa 180 °C
Heißluft: etwa 160 °C

5. Den Hefeteig mit dem Knetteig auf der leicht bemehlten Arbeitsfläche sorgfältig verkneten. Anschließend etwa ½ cm dick zu einem Rechteck (etwa 30 x 40 cm) ausrollen, mit dem Zimt-Zucker bestreuen.

6. Den Teig in gleich große Streifen (3–4 cm x 40 cm) schneiden und diese mit den Apfelscheiben längs dicht an dicht belegen, dabei jeweils an einem Ende etwa 2 cm frei lassen. Die einzelnen Teigstreifen vorsichtig aufrollen und das freie Teigende leicht andrücken.

7. Die Rosen in die Mulden einer Muffinform (für 12 Muffins, gefettet) setzen. Form auf dem Rost in den vorgeheizten Backofen (unterste Schiene) schieben. Die Törtchen **25–30 Minuten backen.**

8. Die Form auf einen Kuchenrost stellen. Die Apfel-Rosen-Törtchen in der Form erkalten lassen. Anschließend aus den Mulden lösen und mit glatt gerührter Konfitüre bestreichen.

TIPPS:

Schneller geht's mit fertigem Blätterteig (aus dem Kühlregal). Besonders schön werden die „Rosen" mit rotschaligen Äpfeln!

APFEL-SCHOKO-CUPCAKES MIT WALDMEISTER

🕐 Zubereitungszeit: 50 Minuten, ohne Kühlzeit
Backzeit: 20–25 Minuten

ZUTATEN FÜR 12 STÜCK

ZUM VORBEREITEN:

1 säuerlicher Apfel (etwa 250 g)
2 TL Zitronensaft
2 TL flüssiger Honig

FÜR DEN TEIG:

240 g Weizenmehl
2 gestr. TL Backpulver
2 EL Kakao zum Backen
1 Prise Salz
100 g Zucker
2 Eier (Größe M)
80 ml neutrales Pflanzenöl,
 z. B. Sonnenblumen- oder Rapsöl
200 g Joghurt (3,5 % Fett)

FÜR DAS TOPPING:

125 g weiche Butter
80 g Puderzucker
80 g Mascarpone (ital. Frischkäse)
2 EL grüner Waldmeistersirup

ZUM VERZIEREN:

36 Deko-Papier-Zuckerblüten
24 Minzeblätter

ZUSÄTZLICH:

12 Muffin-Papierbackförmchen

PRO STÜCK:

E: 5 g, F: 20 g, Kh: 36 g, kcal: 350

1. Zum Vorbereiten den Apfel vierteln, schälen, entkernen und grob raspeln. Apfelraspel mit Zitronensaft und Honig mischen.

2. Den Backofen vorheizen.
Ober-/Unterhitze: etwa 180 °C
Heißluft: etwa 160 °C

3. Für den Teig Mehl mit Backpulver, Kakao, Salz und Zucker in einer Schüssel mischen. In einer zweiten Rührschüssel Eier mit Öl und Joghurt verrühren. Die Mehlmischung mit einem Kochlöffel oder Schneebesen rasch unter die Joghurtmasse rühren, bis alles gut vermengt ist. Apfelraspel unterheben.

4. Dann den Teig in die Mulden einer Muffinform (für 12 Muffins, mit Papierbackförmchen ausgelegt) geben und glatt streichen. Die Form auf dem Rost in den vorgeheizten Backofen schieben und **20–25 Minuten backen.**

5. Die Form auf einen Kuchenrost stellen. Die Muffins etwa 10 Minuten in der Form abkühlen lassen. Anschließend aus der Form lösen und auf einem Kuchenrost erkalten lassen.

6. Inzwischen für das Topping Butter mit Puderzucker mit dem Mixer (Rührstäbe) cremig rühren. Mascarpone und Waldmeistersirup unterrühren. Die Creme etwa 30 Minuten kalt stellen.

7. Dann die Creme mit einem Messer auf die Cupcakes streichen. Mit jeweils 3 Zuckerblüten und 2 Minzeblättern verzieren.

APRIKOSEN-KAKTUS-MUFFINS

🕐 Zubereitungszeit: 30 Minuten, ohne Abkühlzeit
Backzeit: 25–30 Minuten

ZUTATEN FÜR 12 STÜCK

ZUM VORBEREITEN:

200 g kleine Aprikosen
125 g Butter oder Margarine

FÜR DEN TEIG:

200 g Weizenmehl
2 gestr. TL Backpulver
100 g gem. Mandeln
1 Prise Salz
100 g Zucker
200 g saure Sahne (10 % Fett)
1 Ei (Größe M)

ZUM VERZIEREN:

40 g Mandelstifte
1 Eiweiß (Größe M)
125 g Puderzucker
grüne Speisefarbe
2 EL Zitronensaft
12 Deko-Papier-Zuckerblumen

ZUSÄTZLICH:

12 Muffin-Papierbackförmchen

PRO STÜCK:

E: 6 g, F: 19 g, Kh: 35 g, kcal: 330

1. Zum Vorbereiten Aprikosen waschen, halbieren, entsteinen und in Spalten schneiden. Butter oder Margarine zerlassen und abkühlen lassen.

2. Den Backofen vorheizen.
Ober-/Unterhitze: etwa 180 °C
Heißluft: etwa 160 °C

3. Für den Teig Mehl, Backpulver, Mandeln und Salz in einer Schüssel mischen. Zerlassene Butter oder Margarine mit Zucker, saurer Sahne und Ei in einer Rührschüssel mit dem Mixer (Rührstäbe) schaumig rühren. Mehlmischung in zwei Portionen nacheinander rasch unterrühren, bis ein glatter Teig entsteht.

4. Die Hälfte des Teigs in die Mulden einer Muffinform (für 12 Muffins, mit Papierbackförmchen ausgelegt) füllen und mit den Aprikosenspalten belegen. Restlichen Teig daraufgeben und glatt streichen. Die Form auf dem Rost in den vorgeheizten Backofen schieben. Die Muffins **25–30 Minuten goldbraun backen.**

5. Die Form auf einen Kuchenrost stellen. Die Muffins etwa 10 Minuten in der Form abkühlen lassen. Anschließend aus der Form lösen und auf einem Kuchenrost vollständig erkalten lassen.

6. Zum Verzieren die Mandelstifte in einer Pfanne ohne Fett bei mittlerer Hitze goldbraun rösten. Vom Herd nehmen und abkühlen lassen. Das Eiweiß in einer hohen Rührschüssel steif schlagen, dabei den Puderzucker einrieseln lassen. Die Masse mit Speisefarbe grün färben und mit Zitronensaft zu einem dicklichen Guss rühren.

7. Die Muffins mit Glasur bestreichen. Mandelstifte senkrecht in die Muffins stecken. Mit je 1 Dekor-Zuckerblume verzieren. Trocknen lassen.

APRIKOSEN-MUFFINS, KERNIG

🕐 Zubereitungszeit: 25 Minuten, ohne Einweich- und Abkühlzeit
Backzeit: etwa 25 Minuten

ZUTATEN FÜR 12 STÜCK

ZUM VORBEREITEN:

125 g getr. Aprikosen
125 ml Aprikosennektar oder Multivitaminsaft
100 g Sonnenblumenkerne

FÜR DEN ALL-IN-TEIG:

175 g Weizenmehl
2 gestr. TL Backpulver
100 g Aprikosenkonfitüre
3 Eier (Größe M)
125 g Butter oder Margarine (zimmerwarm)

ZUM APRIKOTIEREN:

2 geh. EL Aprikosenkonfitüre

ZUSÄTZLICH:

12 Muffin-Papierbackförmchen

PRO STÜCK:

E: 6 g, F: 15 g, Kh: 28 g, kcal: 274

1. Zum Vorbereiten Aprikosen in kleine Würfel schneiden, in eine flache Schale geben und mit dem Nektar oder Vitaminsaft übergießen. Aprikosenwürfel darin etwa 60 Minuten einweichen. Sonnenblumenkerne in einer Pfanne ohne Fett rösten, herausnehmen und auf einem Teller erkalten lassen.

2. Den Backofen vorheizen.
Ober-/Unterhitze: etwa 180 °C
Heißluft: etwa 160 °C

3. Für den Teig Mehl mit Backpulver in einer Rührschüssel mischen. Aprikosenkonfitüre, Eier und Butter oder Margarine hinzufügen. Die Zutaten mit einem Mixer (Rührstäbe) zunächst kurz auf niedrigster, dann auf höchster Stufe in etwa 2 Minuten zu einem glatten Teig verarbeiten. Aprikosenwürfel und drei Viertel der Sonnenblumenkerne unterheben.

4. Den All-in-Teig in die Mulden einer Muffinform (für 12 Muffins, mit Papierbackförmchen ausgelegt) geben und glatt streichen. Die Form auf dem Rost in den vorgeheizten Backofen schieben. Die Muffins **etwa 25 Minuten backen**.

5. Die Form auf einen Kuchenrost stellen. Die Muffins etwa 10 Minuten in der Form abkühlen lassen. Anschließend aus der Form lösen und auf den Kuchenrost setzen.

6. Zum Aprikotieren die Konfitüre durch ein Sieb in einen kleinen Topf streichen und aufkochen. Die heißen Muffins damit bestreichen und mit den restlichen Sonnenblumenkernen bestreuen. Die Muffins auf dem Kuchenrost erkalten lassen.

APRIKOSEN-MÜSLI-MUFFINS

⏱ Zubereitungszeit: 20 Minuten,
ohne Einweich- und Abkühlzeit
Backzeit: etwa 20 Minuten

ZUTATEN FÜR 12 STÜCK

ZUM VORBEREITEN:

100 g getr. Aprikosen
125 ml Aprikosennektar oder Multivitaminsaft
100 g Knuspermüsli mit Rosinen

FÜR DEN ALL-IN-TEIG:

125 g Butter oder Margarine
175 g Weizenmehl
2 gestr. TL Backpulver
100 g Zuckerrübensirup (Rübenkraut)
3 Eier (Größe M)

ZUM BESTÄUBEN:

etwas Puderzucker

PRO STÜCK:

E: 5 g, F: 20 g, Kh: 28 g, kcal: 245

1. Zum Vorbereiten Aprikosen in kleine Würfel schneiden, in eine flache Schale legen und mit Nektar oder Saft übergießen. Aprikosenwürfel etwa 60 Minuten darin einweichen. Knuspermüsli in einen Gefrierbeutel geben. Den Beutel fest verschließen und das Knuspermüsli mit einer Teigrolle grob zerbröseln.

2. Den Backofen vorheizen.
Ober-/Unterhitze: etwa 180 °C
Heißluft: etwa 160 °C

3. Für den Teig die Butter oder Margarine zerlassen und abkühlen lassen. Mehl mit Backpulver in einer Rührschüssel mischen. Müslibrösel, Zuckerrübensirup, Eier und flüssige Butter oder Margarine hinzufügen. Die Zutaten mit einem Mixer (Rührstäbe) zunächst kurz auf niedrigster, dann auf höchster Stufe in etwa 2 Minuten zu einem glatten Teig verarbeiten. Die Aprikosenwürfel unterheben.

4. Den Teig in die Mulden einer Muffinform (für 12 Muffins, gefettet, bemehlt) geben und glatt streichen. Die Form auf dem Rost in den vorgeheizten Backofen schieben. Die Aprikosen-Müsli-Muffins **etwa 20 Minuten backen**.

5. Die Form auf einen Kuchenrost stellen. Muffins etwa 10 Minuten in der Form abkühlen lassen. Anschließend vorsichtig aus der Form lösen und auf dem Kuchenrost erkalten lassen. Die Muffins mit Puderzucker bestäuben.

AVOCADO-SCHOKO-CUPCAKES

⏱ Zubereitungszeit: 30 Minuten, ohne Abkühlzeit
Backzeit: 20–25 Minuten

ZUTATEN FÜR 12 STÜCK

ZUM VORBEREITEN:

2 kleine reife Avocados (etwa 350 g)
2 TL Limettensaft

FÜR DEN TEIG:

250 g Weizenmehl
2 gestr. TL Backpulver
1 Prise Salz
100 g Zucker
80 ml neutrales Pflanzenöl,
    z. B. Sonnenblumen- oder Rapsöl
2 Eier (Größe M)
200 g Joghurt (3,5 % Fett)
50 g Schokostreusel

FÜR DAS TOPPING:

100 g Zartbitter-Schokolade
    (mind. 60 % Kakaoanteil)
150 g Butter (zimmerwarm)
150 g Puderzucker
150 g Doppelrahm-Frischkäse

ZUSÄTZLICH:

12 Muffin-Papierbackförmchen

PRO STÜCK:

E: 7 g, F: 29 g, Kh: 45 g, kcal: 470

1. Zum Vorbereiten die Avocados halbieren, Kern herauslösen, Fruchtfleisch aus der Schale heben und mit Limettensaft mit einer Gabel zerdrücken.

2. Den Backofen vorheizen.
Ober-/Unterhitze: etwa 200 °C
Heißluft: etwa 180 °C

3. Für den Teig Mehl mit Backpulver, Salz und Zucker in einer Schüssel mischen. In einer Rührschüssel das Avocadopüree mit Öl, Eiern und Joghurt verrühren. Mit einem Kochlöffel oder Schneebesen die Mehlmischung in zwei Portionen rasch unter die Avocadomasse rühren, bis ein glatter Teig entstanden ist. Schokostreusel unterrühren.

4. Dann den Teig in die Mulden einer Muffinform (für 12 Muffins, mit Papierbackförmchen ausgelegt) geben und glatt streichen. Die Form auf dem Rost in den vorgeheizten Backofen schieben und **20–25 Minuten backen.**

5. Die Form auf einen Kuchenrost stellen. Die Muffins etwa 10 Minuten in der Form abkühlen lassen. Anschließend aus der Form lösen und auf einem Kuchenrost erkalten lassen.

6. Für das Topping Schokolade klein hacken und in einem kleinen Topf im Wasserbad bei schwacher Hitze unter Rühren schmelzen. Auf Zimmertemperatur abkühlen lassen. Dann Butter mit Puderzucker cremig rühren. Frischkäse und abgekühlte Schokolade abwechselnd löffelweise mit dem Schneebesen unterrühren.

7. Das Schoko-Topping in einen Spritzbeutel mit großer Sterntülle (Ø etwa 12 mm) füllen und jeweils einen dicken Schokocremetuff auf die Muffins spritzen.

BANANA-LEMON-CAKES

🕐 Zubereitungszeit: 40 Minuten, ohne Kühlzeit
Backzeit: etwa 30 Minuten

ZUTATEN FÜR 12 STÜCK

ZUM VORBEREITEN:

1 Beutel aus 1 Pck. Götterspeise Zitronen-Geschmack
60 g Zucker
200 ml Bananen-Nektar
200 g Doppelrahm-Frischkäse

FÜR DEN TEIG:

2 Eiweiß (Größe M)
1 Prise Salz
180 g Zucker
2 reife Bananen (300 g)
2 Eigelb (Größe M)
150 g Butter oder Margarine (zimmerwarm)
2 EL Sonnenblumenöl
200 g Weizenmehl
30 g Speisestärke
2 gestr. TL Backpulver
100 ml Bananen-Nektar

FÜR DAS TOPPING:

200 g Schlagsahne (mind. 30 % Fett)
20 g Zucker
½ Pck. Sahnesteif
12 Schoko-Bananen

ZUSÄTZLICH:

12 Muffin-Papierbackförmchen

PRO STÜCK:

E: 6 g, F: 25 g, Kh: 52 g, kcal: 463

1. Zum Vorbereiten für das Topping das Götterspeisepulver mit 60 g Zucker in einem Kochtopf mischen, dann mit dem Bananen-Nektar verrühren. Mischung unter Rühren erhitzen, bis alles gelöst ist (nicht kochen lassen!). Den Frischkäse in einen Rührbecher geben, die lauwarme Flüssigkeit daraufgießen und mit einem Mixer (Rührstäbe) kurz aufschlagen. Die Masse zugedeckt mindestens 60 Minuten in den Kühlschrank stellen, bis sie anfängt, dicklich zu werden.

2. Den Backofen vorheizen.
Ober-/Unterhitze: etwa 180 °C
Heißluft: etwa 160 °C

3. Für den Teig Eiweiß mit Salz in eine Rührschüssel geben und mit dem Mixer (Rührstäbe) auf höchster Stufe steif schlagen. Eischnee 3 Minuten weiterschlagen, dabei nach und nach die Hälfte des Zuckers dazugeben.

4. Bananen schälen und in dünne Scheiben oder kleine Würfel schneiden. Scheiben oder Würfel in einer anderen Schüssel zusammen mit Eigelb, Butter oder Margarine, Öl und restlichem Zucker schaumig rühren. Mehl mit Speisestärke und Backpulver mischen und abwechselnd mit dem Bananen-Nektar auf niedrigster Stufe kurz unterrühren. Den Eischnee ebenfalls in zwei Portionen kurz unterrühren.

5. Teig in die Mulden einer Muffinform (für 12 Muffins, mit Papierbackförmchen ausgelegt) geben und glatt streichen. Die Form auf dem Rost in den vorgeheizten Backofen schieben und die Cakes **etwa 30 Minuten backen.**

6. Die Form auf einen Kuchenrost stellen. Die Cakes etwa 5 Minuten in der Form abkühlen lassen. Anschließend aus der Form lösen und auf dem Kuchenrost erkalten lassen.

7. Für das Topping die Sahne leicht aufschlagen. Zucker mit Sahnesteif mischen und einstreuen, dabei die Sahne vollständig steif schlagen. Die gelierende Frischkäsemasse nochmals durchrühren und die Sahne unterheben. Die Creme mit einem Esslöffel auf den Cupcakes verteilen.

VON A–Z

B

8. Die Cupcakes zugedeckt, sodass das Topping nicht zerdrückt wird, etwa 30 Minuten in den Kühlschrank stellen, das Topping fest werden lassen.

9. Die Cupcakes vor dem Servieren mit halbierten Schoko-Bananen garnieren.

TIPPS:

Zum Garnieren können Sie anstelle der Schoko-Bananen auch Erfrischungsstäbchen mit Zitronen- und Orangengeschmack verwenden. Geriebene Zitronenschale gibt dem Topping eine zusätzliche frische Note. Dadurch werden die Banana-Lemon-Cakes auch an Sommertagen zu einem perfekten Genuss.

BANANEN-MUFFINS

⏱ Zubereitungszeit: 30 Minuten, ohne Abkühlzeit
Backzeit: etwa 35 Minuten

ZUTATEN FÜR 10 STÜCK

ZUM VORBEREITEN:

40 g Walnusskerne

FÜR DEN TEIG:

300 g Weizenmehl
2 ½ gestr. TL Backpulver
½ TL Natron
2 Bananen
250 ml Buttermilch
80 ml Sonnenblumenöl
170 g brauner Zucker
1 Pck. Bourbon-Vanille-Zucker
1 Ei (Größe M)

ZUM BESTÄUBEN:

50 g Puderzucker

ZUSÄTZLICH:

10 vorbereitete Backpapier-Quadrate
 (je etwa 19 x 19 cm)

PRO STÜCK:

E: 5 g, F: 12 g, Kh: 50 g, kcal: 325

1. Zum Vorbereiten die Nüsse grob hacken.

2. Den Backofen vorheizen.
Ober-/Unterhitze: etwa 180 °C
Heißluft: etwa 160 °C

3. Für den Teig Mehl mit Backpulver und Natron in einer Rührschüssel mischen. Die Bananen schälen und mit einer Gabel grob zerdrücken.

4. Buttermilch mit Speiseöl, braunem Zucker, Vanille-Zucker und Ei mit einem Mixer (Rührstäbe) auf niedrigster Stufe sorgfältig verrühren. Das Mehlgemisch, die Walnüsse und das Bananenmus unterrühren.

5. Die vorbereiteten 10 Backpapier-Quadrate in 10 Mulden einer Muffinform (für 12 Muffins) drücken. Den Rand dabei so zusammenfalten, dass die Papierspitzen hochstehen.

6. Den Teig in die Mulden geben und glatt streichen. Die Form auf dem Rost in den vorgeheizten Backofen schieben. Die Bananen-Muffins **etwa 35 Minuten backen**.

7. Die Form auf einen Kuchenrost stellen. Die Bananen-Muffins etwa 5 Minuten in der Form abkühlen lassen. Anschließend aus der Form lösen und auf dem Kuchenrost erkalten lassen. Die Bananen-Muffins mit Puderzucker bestäuben und servieren.

BANANEN-RUM-MUFFINS

🕐 Zubereitungszeit: 25 Minuten, ohne Abkühlzeit
Backzeit: etwa 25 Minuten
▲ Mit Alkohol

ZUTATEN FÜR 12 STÜCK

FÜR DEN TEIG:

170 g Weizenmehl
30 g Weichweizengrieß
3 gestr. TL Backpulver
1 Prise Salz
120 g brauner Zucker
1 Pck. Vanillin-Zucker
2 reife Bananen (etwa 300 g)
100 g Schlagsahne
50 ml brauner Rum (40 Vol.-%)
70 ml Speiseöl, z. B. Sonnenblumenöl
1 Ei (Größe M)

ZUSÄTZLICH:

12 Muffin-Papierbackförmchen

PRO STÜCK:

E: 3 g, F: 10 g, Kh: 27 g, kcal: 218

1. Den Backofen vorheizen.
Ober-/Unterhitze: etwa 180 °C
Heißluft: etwa 160 °C

2. Für den Teig Mehl, Weichweizengrieß, Backpulver, Salz, Zucker und Vanillin-Zucker in einer Rührschüssel mit einem Schneebesen verrühren.

3. Bananen schälen, mit einer Gabel zu einem Brei zerdrücken. Bananenbrei, Sahne, Rum, Speiseöl und Ei in einem Rührbecher mit dem Schneebesen verrühren. Die flüssigen Zutaten zu der Mehl-Grieß-Mischung in die Rührschüssel geben und zu einem glatten Teig verrühren.

4. Den Teig in die Mulden einer Muffinform (für 12 Muffins, mit Papierbackförmchen ausgelegt) geben. Die Form auf dem Rost in den vorgeheizten Backofen schieben. Muffins **etwa 25 Minuten backen.**

5. Die Form auf einen Kuchenrost stellen. Muffins etwa 5 Minuten in der Form abkühlen lassen, dann aus der Form lösen und auf dem Kuchenrost erkalten lassen.

TIPPS:

Statt Rum können Sie auch Weinbrand verwenden. Wer auf Alkohol verzichten möchte, kann den Rum durch Buttermilch ersetzen. Die Muffins nach Belieben mit Puderzucker bestäuben oder, wenn die Muffins noch warm sind, kleine Schokobananen oder Schokostücke darauflegen. Sie kleben fest, wenn die Muffins erkaltet sind.

BANOFFEE-CUPCAKES

⏱ Zubereitungszeit: 45 Minuten, ohne Kühlzeit
Kochzeit: etwa 2 Stunden

ZUTATEN FÜR 12 STÜCK

FÜR DIE TOFFEE-MASSE:

400 ml gezuckerte Kondensmilch (aus der Dose)

FÜR DIE BANOFFEE-PIES:

75 g Butter
20 g klein gehackte Schokolade
   (Zartbitter oder Vollmilch)
150 g Haferkekse
1 reife Banane (etwa 150 g)

ZUM VERZIEREN UND BESTREUEN:

200 g Konditorsahne (mind. 35 % Fett)
2 EL geschabte Schokolade (Zartbitter oder
   Vollmilch)

ZUSÄTZLICH:

12 Muffin-Papierbackförmchen

PRO STÜCK:

E: 3 g, F: 16 g, Kh: 21 g, kcal: 249

---

1. Für die Toffee-Masse die Kondensmilch in der geschlossenen Dose in einem Topf mit Wasser bedeckt etwa 2 Stunden kochen lassen. Dabei immer wieder Wasser nachgießen, damit die Dose immer (!) mit Wasser bedeckt ist. Anschließend die Dose (Vorsicht: heiß!) auf einem Kuchenrost erkalten lassen.

2. Für die Pies Butter zerlassen. Den Topf von der Kochstelle nehmen und die Schokolade darin unter Rühren schmelzen. Die Kekse in einen Gefrierbeutel geben. Den Beutel fest verschließen. Die Kekse mit einer Teigrolle fein zerbröseln. Die Schokoladenbutter in einer Schüssel mit den Bröseln gut vermischen.

3. Die Brösel-Butter-Masse in den Mulden einer Muffinform (für 12 Muffins, mit Papierbackförmchen ausgelegt) gleichmäßig verteilen und mit einem Teelöffel an die Böden und auch an die Förmchenränder (etwa 1 ½ cm hoch) drücken.

4. Die Banane in 12 gleich dicke Scheiben schneiden. Jeweils 1 Scheibe auf einen Böden legen. Die Kondensmilchdose öffnen, die Toffeecreme glatt rühren. Jeweils 1 gut gehäuften Teelöffel davon leicht bergförmig auf die Bananenscheiben geben. Die Muffinform zugedeckt mindestens 60 Minuten in den Kühlschrank stellen.

5. Zum Verzieren kurz vor dem Servieren die Sahne steif schlagen und in einen Spritzbeutel mit Lochtülle (Ø etwa 13 mm) füllen. Die Cupcakes aus der Muffinform heben, mit der Sahne verzieren und mit geschabter Schokolade bestreuen.

TIPPS:

Sie benötigen nur etwa die Hälfte der Toffeemasse. Der Rest schmeckt zum Beispiel als Brotaufstrich sehr lecker. Oder sie bereiten einfach die doppelte Menge Banoffee-Pies zu. Ungeöffnet ist die Toffeemasse bis zum angegebenen Mindesthaltbarkeitsdatum haltbar, so lassen sich auch mehrere Dosen auf Vorrat kochen. Für schöne selbst gemachte Schokoladenlocken, die Schokolade vorher in die Kühlschrank legen. Von gut gekühlter Schokolade lassen sich mit einem Sparschäler sehr leicht Locken „abschälen".

BIENENSTICHTÖRTCHEN

⏱ Zubereitungszeit: 45 Minuten, ohne Kühlzeit
Backzeit: 20–25 Minuten

ZUTATEN FÜR 12 STÜCK

FÜR DEN QUARK-ÖL-TEIG:

150 g Weizenmehl
4 gestr. TL Backpulver
75 g Magerquark
50 ml Milch (3,5 % Fett)
50 ml Sonnenblumenöl
40 g Zucker
1 Pck. Vanillin-Zucker

FÜR DEN BELAG:

80 g Zucker
40 g gehobelte Mandeln
1 EL Butter (etwa 20 g)

FÜR DIE FÜLLUNG:

1 Pck. Mousse à la Vanille (Dessertpulver)
200 ml Milch (3,5 % Fett)
100 g Schlagsahne (mind. 30 % Fett)

PRO STÜCK:

E: 4 g, F: 12 g, Kh: 26 g, kcal: 231

---

1. Den Backofen vorheizen.
Ober-/Unterhitze: etwa 180 °C
Heißluft: etwa 160 °C

2. Für den Teig Mehl mit Backpulver in einer Rührschüssel mischen. Quark, Milch, Sonnenblumenöl, Zucker und Vanillin-Zucker hinzufügen.

3. Die Zutaten mit einem Mixer (Knethaken) zunächst auf niedrigster, danach auf höchster Stufe in etwa 1 Minute zu einem Teig verarbeiten (nicht zu lange, Teig klebt sonst).

4. Anschließend den Teig auf einer leicht bemehlten Arbeitsfläche zu einer Rolle formen und in 12 gleich große Stücke schneiden.

5. Die Stücke in den Mulden einer Muffinform (für 12 Muffins, gefettet) verteilen und flach in die Mulden drücken, sodass eine glatte Oberfläche entsteht.

6. Die Form auf dem Rost in den vorgeheizten Backofen schieben. Die Törtchen **20–25 Minuten backen**.

7. Für den Belag inzwischen zunächst ein Backblech mit Backpapier belegen.

8. Eine dünne Schicht Zucker bei mittlerer bis hoher Temperatur in einem Topf erhitzen, bis der Zucker sich farblos löst. Nicht umrühren!

9. Nach und nach immer wieder eine dünne Schicht Zucker einstreuen, bis fast der gesamte Zucker aufgelöst ist. Dann gründlich umrühren und weiter erhitzen, bis der Zucker eine goldbraune Farbe bekommt.

10. Die Mandeln untermischen und kurz karamellisieren lassen. Dann schnell die Butter untermischen, alles gut durchrühren und die Masse auf das vorbereitete Backblech schütten, alles flach auseinanderdrücken. Mandelkrokant erkalten lassen.

11. Die Muffinform auf einen Kuchenrost stellen. Die Törtchen etwa 10 Minuten in der Form stehen lassen, dann auf ein mit Backpapier belegtes Kuchenrost stürzen und erkalten lassen.

12. Für die Füllung die Mousse nach Packungsanleitung mit Milch und Sahne zubereiten, kurz in den Kühlschrank stellen. Von den Törtchen einen Deckel abschneiden.

13. Die Mousse in einen Spritzbeutel mit Sterntülle (Ø etwa 1 cm) füllen. Auf den unteren Teil der Törtchen dicht an dicht Tupfen spritzen.

14. Die Deckel auf die Füllung setzen und jeweils 1 Tupfen Mousse in die Mitte spritzen. Die Törtchen 45 Minuten in den Kühlschrank stellen.

15. Kurz vor dem Servieren den Mandelkrokant in Stücke brechen und in die Tupfen auf den Deckeln stecken.

CUPCAKES & MUFFINS

BIRNEN-FLORENTINER-MUFFINS

⏱ Zubereitungszeit: 30 Minuten, ohne Abkühlzeit
Backzeit: 20–25 Minuten

ZUTATEN FÜR 12 STÜCK

ZUM VORBEREITEN:

1 reife, feste Birne (etwa 150 g)
2 TL Zitronensaft

FÜR DIE FLORENTINERMASSE:

50 g Macadamia-Nusskerne
30 g Mandeln
30 g getr. Cranberrys
50 g Zucker
2 TL Butter
60 g Schlagsahne (mind. 30 % Fett)
20 g Weizenmehl

FÜR DEN TEIG:

200 g Weizenmehl
80 g gem. Walnüsse
2 gestr. TL Backpulver
1 Prise Salz
2 Eier (Größe M)
120 g Zucker
80 ml neutrales Pflanzenöl,
    z. B. Sonnenblumen- oder Rapsöl
200 g Joghurt (3,5 % Fett)

ZUM BESTÄUBEN:

etwas Puderzucker

ZUSÄTZLICH:

12 Muffin-Papierbackförmchen

PRO STÜCK:

E: 6 g, F: 20 g, Kh: 33 g, kcal: 340

1. Zum Vorbereiten die Birne waschen, vierteln, entkernen und grob raspeln. Sofort mit Zitronensaft beträufeln.

2. Für die Florentinermasse Macadamianüsse und Mandeln grob hacken. Getrocknete Cranberrys fein zerschneiden. Macadamianüsse, Mandeln und Cranberrys mit Zucker, Butter und Sahne in einem kleinen Topf unter Rühren aufkochen. Mehl zugeben und cremig verrühren. Masse abkühlen lassen.

3. Den Backofen vorheizen.
Ober-/Unterhitze: etwa 180 °C
Heißluft: etwa 160 °C

4. Für den Teig Mehl mit Walnüssen, Backpulver und Salz in einer Schüssel mischen. Eier, Zucker, Öl und Joghurt in einer Rührschüssel mit dem Mixer (Rührstäbe) verrühren. Mehlmischung in zwei Portionen auf niedriger Stufe untermischen. Birnenraspel unterheben.

5. Den Teig in die Mulden einer Muffinform (für 12 Muffins, mit Papierbackförmchen ausgelegt) geben und glatt streichen. Die Florentinermasse darauf verteilen. Die Form auf den Rost in den vorgeheizten Backofen schieben. Die Muffins in **25–30 Minuten goldbraun backen.**

6. Die Form auf einen Kuchenrost stellen. Die Muffins etwa 10 Minuten in der Form abkühlen lassen. Anschließend aus der Form lösen und auf einem Kuchenrost vollständig erkalten lassen. Mit Puderzucker bestäuben.

BLACK-FOREST-CAKES

- Zubereitungszeit: 40 Minuten, ohne Kühlzeit
  Backzeit: etwa 30 Minuten
- Mit Alkohol

ZUTATEN FÜR 12 STÜCK

FÜR DEN TEIG:

3 Eiweiß (Größe M)
1 Prise Salz
180 g Zucker, 1 Pck. Vanillin-Zucker
3 Eigelb (Größe M)
150 g Butter oder Margarine (zimmerwarm)
3 EL Speiseöl
180 g Weizenmehl
1 gestr. TL Backpulver
1 Msp. Natron
100 ml Milch (3,5 % Fett)
20 g Kakao zum Backen

2 EL Zartbitter-Raspelschokolade
175 g abgetropfte Sauerkirschen (aus dem Glas)

FÜR DAS TOPPING:

Sauerkirschsaft (aus dem Glas)
30 g Zucker
100 g Mascarpone (ital. Frischkäse)
400 g Schlagsahne (mind. 30 % Fett)
30 g Puderzucker
2–3 EL Kirschwasser

ZUSÄTZLICH:

12 Muffin-Papierbackförmchen

PRO STÜCK:

E: 5 g, F: 30 g, Kh: 39 g, kcal: 458

1. Den Backofen vorheizen.
Ober-/Unterhitze: etwa 180 °C
Heißluft: etwa 160 °C

2. Für den Teig Eiweiß und Salz in einer Rührschüssel mit einem Mixer (Rührstäbe) auf höchster Stufe steif schlagen. Eischnee 3 Minuten weiterschlagen, dabei nach und nach den Zucker und den Vanillin-Zucker dazugeben.

3. In einer anderen Schüssel Eigelb mit Butter oder Margarine und Speiseöl schaumig rühren. Mehl mit Backpulver und Natron mischen und abwechselnd mit der Milch mit einem Mixer (Rührstäbe) auf niedrigster Stufe kurz unterrühren. Eischnee ebenfalls in zwei Portionen kurz unterrühren.

4. Ein Drittel des Teiges abnehmen und beiseitestellen. Kakaopulver auf den restlichen Teig geben und kurz unterrühren. Den dunklen Teig in die Mulden einer Muffinform (für 12 Muffins, mit Papierbackförmchen ausgelegt) geben und mit Raspelschokolade bestreuen.

5. Von den Sauerkirschen 12 Stück zum Garnieren beiseitelegen. Die restlichen Kirschen auf der Raspelschokolade verteilen. Den beiseitegestellten hellen Teig auf den Kirschen verteilen, eventuell glatt streichen. Die Form auf dem Rost in den vorgeheizten Backofen schieben. Die Cakes **etwa 30 Minuten backen.**

6. Die Form auf einen Kuchenrost stellen. Die Cupcakes etwa 5 Minuten in der Form abkühlen lassen. Anschließend aus der Form lösen und auf dem Kuchenrost erkalten lassen.

7. Für das Topping inzwischen den aufgefangenen Kirschsaft mit Zucker in einen kleinen Topf geben, sprudelnd aufkochen und in 12–15 Minuten zu 50–75 ml dickflüssigem Sirup einkochen lassen. Den Sirup abkühlen lassen.

8. Den Mascarpone mit Sahne und Puderzucker steif schlagen und mit Kirschwasser abschmecken. Die Hälfte des erkalteten Sirups so mit einem Teigschaber unterheben, dass ein Marmormuster entsteht. Die Sahnemasse in einen Spritzbeutel mit Sterntülle (Ø etwa 1 ½ cm) geben.

9. Auf jeden Cupcake einen dicken Tupfen Sahnemasse spritzen. Die Cupcakes zugedeckt, sodass das Topping nicht zerdrückt wird, in den Kühlschrank stellen. Kurz vor dem Servieren die Cupcakes mit jeweils 1 Kirsche und dem restlichem Sirup garnieren.

TIPP:

Wenn Sie keinen Mascarpone verwenden möchten, nehmen Sie 500 g Schlagsahne (mind. 30 % Fett) und zusätzlich 2 Päckchen Sahnesteif. Sahne kurz anschlagen, dann Sahnesteif und gesiebten Puderzucker einstreuen, dabei die Sahne steif schlagen. Den Sirup wie beschrieben unterheben.

CUPCAKES & MUFFINS

BROMBEER-CUPCAKES

⏱ Zubereitungszeit: 35 Minuten, ohne Abkühlzeit
Backzeit: 20–25 Minuten

ZUTATEN FÜR 12 STÜCK

FÜR DEN TEIG:

270 ml Milch (1,5 % Fett)
120 g Butter oder Margarine (zimmerwarm)
1 Prise Salz
140 g Zucker
150 g gem. Mohn
3 Eier (Größe M)
180 g gem. Haselnüsse
1 ½ gestr. TL Backpulver
1 gestr. TL gem. Zimt

FÜR DAS TOPPING:

150 g Crème fraîche
1 EL Puderzucker
12 Brombeeren

ZUSÄTZLICH:

12 Muffin-Papierbackförmchen

PRO STÜCK:

E: 8 g, F: 29 g, Kh: 16 g, kcal: 353

---

1. Für den Teig Milch mit Butter oder Margarine, Salz und Zucker in einen Topf geben. Die Zutaten zum Kochen bringen. Den Mohn hinzufügen und unter Rühren bei mittlerer Hitze etwa 1 Minute kochen lassen. Den Topf von der Kochstelle nehmen und die Mohnmasse etwas abkühlen lassen.

2. Den Backofen vorheizen.
Ober-/Unterhitze: etwa 180 °C
Heißluft: etwa 160 °C

3. Die Eier nach und nach mit einem Schneebesen unter die lauwarme Mohnmasse rühren.

4. Die Haselnüsse mit Backpulver und Zimt gut vermischen. Die Nuss-Zimt-Mischung gleichmäßig unter die Mohn-Eier-Masse heben.

5. Den Teig gleichmäßig in den Mulden einer Muffinform (für 12 Muffins, mit Papierbackförmchen ausgelegt) verteilen. Die Muffinform auf dem Rost in den vorgeheizten Backofen schieben. Die Cupcakes **20–25 Minuten backen**.

6. Die Muffinform auf einen Kuchenrost stellen. Die Cupcakes nach etwa 5 Minuten aus der Form lösen und auf dem Kuchenrost erkalten lassen.

7. Für das Topping Crème fraîche mit Puderzucker mit einem Mixer (Rührstäbe) auf mittlerer Stufe steif schlagen.

8. Mithilfe von 2 Teelöffeln auf jeden Cupcake einen Klecks Crème fraîche geben und mit abgespülten, trocken getupften Brombeeren garnieren.

TIPPS:

Garnieren Sie die Cupcakes nicht mit Brombeeren, sondern mit vorbereiteten Feigenspalten. Das Crème-fraîche-Topping können Sie durch ein Quark-Sahne-Topping ersetzen: 250 g Magerquark mit 15 g Puderzucker glatt rühren und 100 g steif geschlagene Sahne (mind. 30 % Fett) unterheben.

BROWNIE-MUFFINS

⏱ Zubereitungszeit: 40 Minuten, ohne Abkühlzeit
Backzeit: etwa 25 Minuten

ZUTATEN FÜR 12 STÜCK

ZUM VORBEREITEN:

75 g Zartbitter-Schokolade
    (etwa 50 % Kakaoanteil)
80 g geröstete und gesalzene
    Macadamia-Nusskerne
80 g Studentenfutter

FÜR DEN RÜHRTEIG:

150 g Butter oder Margarine (zimmerwarm)
30 g Zucker
75 g brauner Zucker
1 Pck. Bourbon-Vanille-Zucker
3 Eier (Größe M)
150 g Weizenmehl
2 gestr. TL Backpulver
50 g Kakao-Getränkepulver
150 g Sahne-Pudding Schokoladen-Geschmack
    (aus dem Kühlregal)

FÜR DEN GUSS:

75 g Zartbitter-Schokolade
    (etwa 50 % Kakaoanteil)
1 TL Sonnenblumenöl

ZUM BESTREUEN:

einige Macadamia-Nusskerne, geröstet
    und gesalzen
etwas Studentenfutter

PRO STÜCK:

E: 6 g, F: 26 g, Kh: 32 g, kcal: 390

1. Zum Vorbereiten Schokolade in kleine Stücke brechen. Zwei Drittel davon in einem Topf im Wasserbad bei schwacher Hitze unter Rühren schmelzen. Den Topf aus dem Wasserbad nehmen und die restliche Schokolade darin unter Rühren schmelzen. Schokolade etwas abkühlen lassen. Inzwischen Macadamia-Nusskerne und Studentenfutter grob hacken.

2. Den Backofen vorheizen.
Ober-/Unterhitze: etwa 180 °C
Heißluft: etwa 160 °C

3. Für den Teig Butter oder Margarine mit einem Mixer (Rührstäbe) auf höchster Stufe geschmeidig rühren.

4. Nach und nach Zucker, braunen Zucker und Vanille-Zucker unterrühren. So lange rühren, bis eine gebundene Masse entstanden ist.

5. Die Eier nach und nach unterrühren (jedes Ei etwa ½ Minute). Mehl mit Backpulver mischen und auf mittlerer Stufe kurz unterrühren.

6. Anschließend Kakao-Getränkepulver, Pudding und aufgelöste Schokolade unterrühren. Zuletzt Macadamia-Nusskerne und Studentenfutter unter den Teig heben. Den Teig in die Mulden einer Muffinform (für 12 Muffins, gefettet, bemehlt) geben und vorsichtig glatt streichen.

7. Die Form auf dem Rost in den vorgeheizten Backofen schieben und die Brownie-Muffins **etwa 25 Minuten backen**.

8. Die Form auf einen Kuchenrost stellen. Brownie-Muffins etwa 10 Minuten in der Form stehen lassen. Anschließend vorsichtig aus der Form lösen und auf dem Kuchenrost erkalten lassen.

9. Für den Guss die Schokolade in kleine Stücke brechen. Zwei Drittel davon mit dem Öl in einem Topf im Wasserbad bei schwacher Hitze unter Rühren schmelzen. Den Topf aus dem Wasserbad nehmen und die restliche Schokolade darin unter Rühren schmelzen. Die Muffins damit überziehen und mit Macadamia-Nusskernen und Studentenfutter bestreuen. Den Guss trocknen lassen.

BUCHWEIZEN-BEEREN-MUFFINS

⏱ Zubereitungszeit: 25 Minuten, ohne Abkühlzeit
Backzeit: etwa 30 Minuten

ZUTATEN FÜR 12 STÜCK

FÜR DEN TEIG:

300 g TK-Beerenmischung
150 g Buchweizenmehl
100 g Maisstärke
3 gestr. TL Backpulver
1 Prise Salz
130 g brauner Zucker
½ Pck. Bourbon-Vanille-Zucker
200 g saure Sahne
1 Ei (Größe M)
100 ml Sonnenblumenöl

ZUM BESTREUEN:

30 g Buchweizenkörner
30 g brauner Zucker

PRO STÜCK:

E: 2 g, F: 12 g, Kh: 35 g, kcal: 254

---

1. Von den gefrorenen Beeren sehr große Beeren aussortieren und diese anschließend etwas antauen lassen.

2. In der Zwischenzeit den Backofen vorheizen.
Ober-/Unterhitze: etwa 180 °C
Heißluft: etwa 160 °C

3. Mehl, Maisstärke, Backpulver, Salz, Zucker und Vanille-Zucker in eine Rührschüssel geben, mit einem Schneebesen verrühren.

4. Saure Sahne, Ei und Speiseöl in einem Rührbecher mit dem Schneebesen verrühren.

5. Die flüssigen Zutaten zu der Mehlmischung in die Rührschüssel geben und zu einem glatten Teig verrühren. Den Teig etwa 5 Minuten stehen lassen.

6. In der Zwischenzeit die angetauten Beeren grob zerschneiden. Zum Bestreuen Buchweizenkörner und Zucker mischen.

7. Die Hälfte des Teiges in die Mulden einer Muffinform (für 12 Muffins, gefettet, bemehlt) geben und mit der Hälfte der Beeren (möglichst mit den klein zerschnittenen Beeren) belegen.

8. Den restlichen Teig daraufgeben. Restliche gefrorene Beeren darauf verteilen, diese mit der Körner-Zucker-Mischung bestreuen.

9. Die Form auf dem Rost in den vorgeheizten Backofen schieben. Muffins **etwa 30 Minuten backen**.

10. Die Form auf einen Kuchenrost stellen. Die Muffins etwa 5 Minuten in der Form abkühlen lassen. Anschließend aus der Form lösen und auf dem Kuchenrost erkalten lassen.

TIPPS:

Sollen die Muffins wirklich glutenfrei sein, auch zum Ausstreuen der Form unbedingt Buchweizenmehl oder Papierbackförmchen verwenden. Falls Sie nur Buchweizenmehl verwenden möchten, erhöhen Sie die Menge auf 250 g und lassen die Maisstärke weg. Verwenden Sie dann nur 150 g saure Sahne und geben Sie zusätzlich 5 Esslöffel Buttermilch hinzu.

CAFFÈ-LATTE-MUFFINS

⏱ Zubereitungszeit: 25 Minuten, ohne Abkühlzeit
Backzeit: etwa 25 Minuten

ZUTATEN FÜR 12 STÜCK

FÜR DEN ALL-IN-TEIG:

200 g Weizenmehl, 3 gestr. TL Backpulver
125 g Zucker, 1 Pck. Vanillin-Zucker
2 Eier (Größe M)
150 g Butter oder Margarine (zimmerwarm)
125 ml Milch (1,5 % Fett)

FÜR DEN DUNKLEN TEIG:

3 TL Instant-Kaffeepulver, 3 EL heißes Wasser
15 g Kakao zum Backen, 1 TL Zucker

FÜR DEN HELLEN TEIG:

50 g weiße Schokolade

FÜR DEN GUSS:

50 g weiße Schokolade, 2 TL Sonnenblumenöl

ZUM GARNIEREN:

12 feine Mocca-Bohnen, etwas Kakao zum Backen

PRO STÜCK:

E: 4 g, F: 16 g, Kh: 31 g, kcal: 288

1. Den Backofen vorheizen.
Ober-/Unterhitze: etwa 180 °C
Heißluft: etwa 160 °C

2. Für den Teig Mehl mit Backpulver in einer Rührschüssel mischen. Restliche Zutaten hinzufügen und mit einem Mixer (Rührstäbe) zunächst kurz auf niedrigster, dann auf höchster Stufe in etwa 2 Minuten zu einem glatten Teig verarbeiten. Ein Drittel des Teiges abnehmen und beiseitestellen.

3. Für den dunklen Teig das Kaffeepulver mit Wasser auflösen und etwas abkühlen lassen. Die Kaffeelösung mit Kakao und Zucker unter den restlichen Teig rühren. Danach den Teig in die Mulden einer Muffinform (für 12 Muffins, gefettet, bemehlt) geben und glatt streichen.

4. Für den hellen Teig die Schokolade in kleine Stücke brechen und in einem Topf im Wasserbad bei schwacher Hitze unter Rühren schmelzen. Die Schokolade unter den beiseitegestellten Teig rühren, dann auf dem dunklen Teig verteilen. Die Form auf dem Rost in den vorgeheizten Backofen schieben. Die Muffins **etwa 25 Minuten backen**.

5. Die Form auf einen Kuchenrost stellen. Die Muffins etwa 10 Minuten in der Form abkühlen lassen. Anschließend vorsichtig aus der Form lösen und auf dem mit Backpapier belegten Kuchenrost erkalten lassen.

6. Für den Guss Schokolade in Stücke brechen und mit Speiseöl in einem kleinen Topf im Wasserbad bei schwacher Hitze unter Rühren schmelzen. Die Muffins mit dem Guss bestreichen und mit je 1 Mocca-Bohne garnieren. Den Guss trocknen lassen. Die Caffè-Latte-Muffins vor dem Servieren mit Kakao bestäuben.

CASSIS-MUFFINS MIT WEISSEN SCHOKO-MANDELN

⏱ Zubereitungszeit: 25 Minuten, ohne Abkühlzeit
Backzeit: etwa 25 Minuten

ZUTATEN FÜR 12 STÜCK

ZUM VORBEREITEN:

100 g dragierte, mit weißer Schokolade überzogene Mandeln

FÜR DEN SCHÜTTELTEIG:

150 g Weizenmehl, 2 gestr. TL Backpulver
1 Prise Salz, 100 g Puderzucker
1 Pck. geriebene Zitronenschale
100 g abgezogene, gem. Mandeln
3 Eier (Größe M)
100 ml Sonnenblumenöl
125 g Joghurt (3,5 % Fett)

ZUM BETRÄUFELN UND FÜR DEN GUSS:

etwa 75 ml Cassis-Sirup
   (schwarzer Johannisbeer-Sirup)
50 g weiße Kuvertüre
½ TL Sonnenblumenöl

ZUSÄTZLICH:

evtl. 12 Muffin-Papierbackförmchen

PRO STÜCK:

E: 7 g, F: 20 g, Kh: 29 g, kcal: 324

---

1. Zum Vorbereiten dragierte Mandeln grob hacken.

2. Den Backofen vorheizen.
Ober-/Unterhitze: etwa 180 °C
Heißluft: etwa 160 °C

3. Für den Teig Mehl mit Backpulver, Salz und Puderzucker in einer verschließbaren Schüssel (etwa 3 l) mischen. Zitronenschale und Mandeln untermischen. Eier, Speiseöl und Joghurt hinzufügen und die Schüssel mit dem Deckel fest verschließen. Schüssel mehrmals (insgesamt 15–30 Sekunden) kräftig schütteln, sodass alle Zutaten gut vermischt sind.

4. Alles mit einem Schneebesen oder Rührlöffel nochmals sorgfältig durchrühren, damit trockene Zutaten vom Rand mit untergerührt werden. Zuletzt die klein gehackten Schoko-Mandeln unterheben. Den Teig in die Mulden einer Muffinform (für 12 Muffins, gefettet, bemehlt oder mit Papierbackförmchen ausgelegt) geben und glatt streichen. Die Form auf dem Rost in den vorgeheizten Backofen schieben. Die Muffins **etwa 25 Minuten backen**.

5. Die Form auf einen Kuchenrost stellen. Die Muffins sofort nach dem Backen mit einem Holzstäbchen mehrmals einstechen und jeweils mit 1–2 Teelöffeln Sirup beträufeln. Die Muffins etwa 10 Minuten in der Form abkühlen lassen. Vorsichtig aus der Form lösen und auf einem mit Backpapier belegten Kuchenrost erkalten lassen.

6. Für den Guss Kuvertüre in kleine Stücke hacken. Zwei Drittel davon mit dem Speiseöl in einem Topf im Wasserbad bei schwacher Hitze unter Rühren schmelzen. Den Topf aus dem Wasserbad nehmen und die restliche Kuvertüre darin unter Rühren schmelzen. Die Muffins mithilfe eines Teelöffels mit der Kuvertüre besprenkeln. Den Guss trocknen lassen.

CHEESECAKE-MUFFINS „CASSIS LOVE"

⏱ Zubereitungszeit: 25 Minuten, ohne Kühlzeit
Backzeit: 30–35 Minuten

ZUTATEN FÜR 12 STÜCK

ZUM VORBEREITEN:

1 Bio-Limette (unbehandelt, ungewachst)

FÜR DEN BRÖSELTEIG:

120 g Vollkorn-Butterkekse
80 g Butter, ½ TL gem. Zimt

FÜR DEN CHEESECAKE-BELAG:

3 Eier (Größe M), 100 g Zucker
100 g Doppelrahm-Frischkäse
150 g Schmand (Sauerrahm)
100 g Speisequark (20 % Fett)
1 EL Speisestärke

FÜR DIE CASSIS-SAUCE:

25 g schwarze Johannisbeeren
   (vorbereitet gewogen)
1 EL schwarze Johannisbeerkonfitüre

ZUSÄTZLICH:

12 Muffin-Papierbackförmchen
1 Holzstäbchen (Schaschlikspieß)

PRO STÜCK:

E: 5 g, F: 14 g, Kh: 21 g, kcal: 232

---

1. Zum Vorbereiten die Limette heiß abspülen, abtrocknen und die Schale fein abreiben. Limette halbieren und den Saft auspressen.

2. Für den Teig Kekse in einen großen Gefrierbeutel geben, den Beutel fest verschließen. Die Kekse mit einer Teigrolle fein zerbröseln und in eine Rührschüssel geben.

3. Die Butter zerlassen, mit dem Zimt zu den Bröseln geben und gut vermischen.

4. Den Backofen vorheizen.
Ober-/Unterhitze: etwa 160 °C
Heißluft: etwa 140 °C

5. Den Bröselteig in die Mulden einer Muffinform (für 12 Muffins, mit Papierbackförmchen ausgelegt) geben und mit einem Teelöffel fest zu einem Boden andrücken.

6. Für den Belag Eier und Zucker mit einem Mixer (Rührstäbe) verrühren. Limettenschale, -saft, Frischkäse, Schmand, Quark und Speisestärke hinzugeben. Die Zutaten zu einer glatten Creme verrühren. Die Creme auf die Bröselböden geben und glatt streichen.

7. Für die Herzen Johannisbeeren abspülen, vorsichtig trocken tupfen, dann mit der Konfitüre verrühren. Die Johannisbeermasse durch ein Sieb in eine Schüssel streichen.

8. Etwas von der Cassis-Sauce von einem Teelöffel langsam heruntertropfen lassen. Je 2–3 kleine, runde Tupfen auf die Muffins setzen. Dann die Spitze des Holzstäbchens jeweils so durch die Tupfen ziehen, dass Herzen entstehen.

9. Die Form auf dem Rost in den vorgeheizten Backofen schieben und die Cheesecake-Muffins **30–35 Minuten backen.**

10. Die Form auf einen Kuchenrost stellen. Die Muffins in der Form erkalten lassen.

11. Anschließend die Muffins vorsichtig aus der Form lösen und zugedeckt in den Kühlschrank stellen (die Muffins sollten vor dem Servieren 30–45 Minuten im Kühlschrank gut durchkühlen). Die Herz-Tupfen mit der restlichen Cassis-Sauce nacharbeiten.

CHIFFON-CAKE-MUFFINS

⏱ Zubereitungszeit: 25 Minuten, ohne Abkühlzeit
Backzeit: etwa 25 Minuten

ZUTATEN FÜR 12 STÜCK

FÜR DEN TEIG:

5 Eigelb (Größe M)
1 Röhrchen Butter-Vanille-Aroma
100 ml Milch (3,5 % Fett)
70 ml Sonnenblumenöl
125 g Weizenmehl
5 Eiweiß (Größe M), 100 g Zucker

FÜR DEN GUSS:

150 g Puderzucker, 2–3 EL Zitronensaft

PRO STÜCK:

E: 4 g, F: 9 g, Kh: 29 g, kcal: 217

---

1. Für den Teig das Eigelb in eine Rührschüssel geben. Aroma und Milch hinzufügen. Die Zutaten mit einem Schneebesen sorgfältig verrühren (nicht schaumig schlagen). Sonnenblumenöl unter ständigem Rühren einfließen lassen.

2. Den Backofen vorheizen.
Ober-/Unterhitze: etwa 180 °C
Heißluft: etwa 160 °C

3. Mehl nach und nach mit dem Schneebesen unter die Eigelbmasse rühren, dabei darauf achten, dass keine Klümpchen entstehen.

4. Eiweiß mit einem Mixer (Rührstäbe) auf niedrigster Stufe so lange schlagen, bis es beginnt weiß zu werden. Dann auf höchster Stufe 50 g Zucker unter Rühren einrieseln lassen. Der Schnee muss so fest sein, dass ein Messerschnitt sichtbar bleibt.

5. Anschließend den restlichen Zucker hinzugeben und so lange schlagen, bis der Eischnee stark glänzt. Eischnee vorsichtig in zwei Portionen unter den Teig heben. Den Teig in die Mulden einer Muffinform (für 12 Muffins, nur die Böden gefettet) verteilen.

6. Die Form auf dem Rost in den vorgeheizten Backofen schieben. Die Chiffon-Cake-Muffins **etwa 25 Minuten backen.**

7. Die Form auf einen Kuchenrost stellen. Sofort nach dem Backen einen Bogen Backpapier darauflegen. Mithilfe eines Kuchenrostes die Form vorsichtig stürzen. Die Form soll umgedreht auf dem mit Backpapier belegten Kuchenrost liegen. Chiffon-Cake-Muffins in der Form vollständig erkalten lassen.

8. Die Form wieder umdrehen. Muffins vorsichtig mithilfe eines Messers vom Rand lösen und aus den Mulden nehmen.

9. Für den Guss Puderzucker mit Zitronensaft zu einem zähflüssigen Zuckerguss verrühren. Zuckerguss in einen kleinen Gefrierbeutel geben. Eine kleine Ecke abschneiden. Chiffon-Cake-Muffins mit dem Guss besprenkeln.

TIPP:

Damit die Chiffon-Cake-Muffins perfekt gelingen, sollten alle Zutaten zimmerwarm sein.

COCO CHOCO

⏱ Zubereitungszeit: 30 Minuten, ohne Kühlzeit
Backzeit: etwa 30 Minuten

ZUTATEN FÜR 12 STÜCK

FÜR DEN TEIG:

150 g Weizenmehl
2 gestr. TL Backpulver
100 g Kokosraspel
3 Eier (Größe M)
1 Prise Salz
160 g Puderzucker
125 ml Sonnenblumenöl
125 ml Buttermilch

FÜR DAS TOPPING:

1 Pck. Schokoladen-Knusperchips (135 g)
250 ml kalte Milch (1,5 % Fett)
1 Pck. Paradiescreme Schokoladen-Geschmack (Dessertpulver)

ZUSÄTZLICH:

12 vorbereitete Backpapier-Quadrate (je etwa 19 x 19 cm)

PRO STÜCK:

E: 6 g, F: 21 g, Kh: 36 g, kcal: 356

1. Den Backofen vorheizen.
Ober-/Unterhitze: etwa 180 °C
Heißluft: etwa 160 °C

2. Für den Teig Mehl mit Backpulver und Kokosraspeln in einer Rührschüssel mischen. Restliche Zutaten hinzufügen und mit einem Mixer (Rührstäbe) zunächst kurz auf niedrigster, dann auf höchster Stufe mindestens 1 Minute schaumig schlagen. Zwischendurch die Teigmasse vom Schüsselrand lösen.

3. Die vorbereiteten Backpapier-Quadrate in die Mulden einer Muffinform (für 12 Muffins) drücken. Den Rand dabei so zusammenfalten, dass die Papierspitzen hochstehen. Den dickflüssigen Teig gleichmäßig darin verteilen. Die Muffinform auf dem Rost in den vorgeheizten Backofen schieben. Die Cakes **etwa 30 Minuten backen.**

4. Die Form auf einen Kuchenrost stellen. Die Cakes etwa 5 Minuten in der Form abkühlen lassen. Anschließend aus der Form lösen und auf dem Kuchenrost erkalten lassen.

5. Für das Topping 12 Knusperchips zum Garnieren beiseitelegen. Die restlichen Knusperchips fein hacken. Die Milch in einen hohen Rührbecher geben, Dessertpulver hinzufügen und auf niedrigster Stufe verrühren. Dann die Creme auf höchster Stufe etwa 3 Minuten aufschlagen.

6. Die klein gehackten Knusperchips kurz unter die Creme heben. Die Creme auf den Cupcakes verteilen und verstreichen. Die Cupcakes etwa 10 Minuten in den Kühlschrank stellen, dann mit den restlichen Knusperchips garnieren und servieren.

CUPCAKES & MUFFINS

CRANBERRY-CAKES

- Zubereitungszeit: 40 Minuten, ohne Abkühlzeit
  Backzeit: etwa 30 Minuten
- Mit Alkohol

ZUTATEN FÜR 12 STÜCK

ZUM VORBEREITEN:

1 Pck. Pudding-Pulver Vanille-Geschmack
2 EL Zucker, 400 ml Milch (3,5 % Fett)

FÜR DEN TEIG:

100 g getr. Cranberrys
100 g getr., gesüßte Ananasstücke
100 ml Wasser
1 Eiweiß (Größe M), 1 Prise Salz
100 g Zucker
1 Eigelb (Größe M), 2 Eier (Größe M)
50 g abgezogene, gem. Mandeln
1 Pck. geriebene Zitronenschale
1 Pck. Orangenschalen-Aroma
150 g Butter oder Margarine (zimmerwarm)
150 g Weizenmehl, 1 ½ gestr. TL Backpulver

ZUM GARNIEREN:

50 g getr. Cranberrys
50 ml brauner Rum

FÜR DAS TOPPING:

200 g Butter (zimmerwarm)
150 g Puderzucker

ZUSÄTZLICH:

12 Muffin-Papierbackförmchen

PRO STÜCK:

E: 5 g, F: 29 g, Kh: 52 g, kcal: 505

1. Zum Vorbereiten für das Topping aus Pudding-Pulver, Zucker und Milch einen Pudding nach Packungsanleitung – aber mit den hier angegebenen Mengen – zubereiten. Sofort Frischhaltefolie direkt auf die Puddingoberfläche legen, damit sich keine Haut bildet. Den Pudding auf Zimmertemperatur abkühlen lassen.

2. Für den Teig in der Zwischenzeit die Cranberrys und Ananasstücke fein schneiden und in eine Schüssel geben. Das Wasser aufkochen lassen und über die Früchte gießen. Die Früchte mehrfach umrühren, damit sie das Wasser gleichmäßig aufsaugen können. Die Mischung abkühlen lassen.

3. Den Backofen vorheizen.
Ober-/Unterhitze: etwa 180 °C
Heißluft: etwa 160 °C

4. Eiweiß und Salz mit einem Mixer (Rührstäbe) auf höchster Stufe steif schlagen. Den Eischnee 3 Minuten weiterschlagen, dabei nach und nach die Hälfte des Zuckers unterrühren.

5. In einer anderen Schüssel Eigelb mit Eiern, Mandeln, Zitronenschale, Orangenschalen-Aroma, restlichem Zucker und Butter oder Margarine schaumig rühren. Die abgekühlte Früchtemischung unterrühren. Mehl mit Backpulver mischen und auf niedrigster Stufe kurz unter die Fettmasse rühren. Zuletzt Eischnee auf niedrigster Stufe kurz unterrühren.

6. Den Teig in die Mulden einer Muffinform (für 12 Muffins, mit Papierbackförmchen ausgelegt) geben und glatt streichen. Die Form auf dem Rost in den vorgeheizten Backofen schieben und die Cakes **etwa 30 Minuten backen.**

7. Die Form auf einen Kuchenrost stellen. Cakes etwa 5 Minuten in der Form abkühlen lassen. Anschließend aus der Form lösen und auf dem Kuchenrost erkalten lassen.

8. Zum Garnieren Cranberrys mit Rum in einem Topf mischen und zugedeckt etwa 10 Minuten bei schwacher Hitze erwärmen, bis sie den Rum aufgesogen haben. Cranberrys abkühlen lassen.

9. Für das Topping Butter mit Puderzucker cremig aufschlagen. Esslöffelweise den abgekühlten Pudding unterrühren. Dabei darauf achten, dass Butter und Pudding Zimmertemperatur haben, da die Creme sonst gerinnt. Die Buttercreme portionsweise in einen Spritzbeutel mit großer Sterntülle (Ø 12–15 mm) füllen. Auf jeden Cupcake erst spiralförmig eine Schicht Creme spritzen. Auf den Rand der Creme einen Ring spritzen. Die Cranberrys in den Cremeringen verteilen.

TIPP:

Wer auf den Rum verzichten möchte, kann die Cranberrys zum Garnieren auch mit Apfel- oder Orangensaft erhitzen.

CUPCAKES & MUFFINS

CUPCAKES „FÜRST PÜCKLER"

⏱ Zubereitungszeit: 45 Minuten, ohne Kühlzeit
Backzeit: etwa 25 Minuten

ZUTATEN FÜR 12 STÜCK

FÜR DEN TEIG:

150 g Butter oder Margarine (zimmerwarm)
120 g Zucker
2 Pck. Vanillin-Zucker
1 Prise Salz
3 Eier (Größe M)
100 ml Buttermilch
180 g Weizenmehl
2 gestr. TL Backpulver
2 EL Kakao zum Backen

FÜR DAS TOPPING:

3 Blatt weiße Gelatine
je 100 g Himbeeren und Erdbeeren
150 g Magerquark
1 gestr. TL geriebene Zitronenschale
50 g Zucker
150 g Schlagsahne (mind. 30 % Fett)

ZUSÄTZLICH:

12 Muffin-Papierbackförmchen

PRO STÜCK:

E: 6 g, F: 16 g, Kh: 29 g, kcal: 290

1. Den Backofen vorheizen.
Ober-/Unterhitze: etwa 180 °C
Heißluft: etwa 160 °C

2. Für den Teig Butter oder Margarine mit Zucker, Vanillin-Zucker und Salz in eine Rührschüssel geben. Die Zutaten mit einem Mixer (Rührstäbe) zunächst kurz auf niedrigster, dann auf höchster Stufe etwa 5 Minuten schaumig schlagen.

3. Danach zuerst die Eier nach und nach unterrühren (jedes Ei etwa ½ Minute), dann die Buttermilch.

4. Mehl mit Backpulver mischen und ebenfalls kurz unterrühren. Den Teig in zwei gleich große Portionen teilen. Unter eine Teigportion den Kakao rühren.

5. Zuerst den hellen Teig in die Mulden einer Muffinform (für 12 Muffins, mit Papierbackförmchen ausgelegt) geben und glatt streichen. Dann den dunklen Teig vorsichtig daraufgeben und ebenso vorsichtig glatt streichen.

6. Die Form auf dem Rost in den vorgeheizten Backofen schieben. Cupcakes **etwa 25 Minuten backen.**

7. Die Form auf einen Kuchenrost stellen. Die Cupcakes etwa 10 Minuten in der Form abkühlen lassen. Anschließend aus der Form lösen und auf dem Kuchenrost erkalten lassen.

8. Für das Topping Gelatine nach Packungsanleitung einweichen. Himbeeren und Erdbeeren verlesen, kurz abspülen und gut abtropfen lassen. Große Erdbeeren etwas kleiner schneiden. Alle Beeren mit Magerquark, Zitronenschale und Zucker in einen Rührbecher geben und mit einem Pürierstab pürieren.

9. Gelatine leicht ausdrücken und mit 2 Esslöffeln von dem Beeren-Quark in einem kleinen Topf bei schwacher Hitze unter Rühren auflösen.

10. Die Quark-Gelatine-Masse unter den restlichen Beeren-Quark rühren. Beeren-Quark 20–30 Minuten in den Kühlschrank stellen, bis er beginnt fest zu werden. Sahne steif schlagen und unterheben.

11. Die Beerencreme in einen Spritzbeutel mit Sterntülle geben und in großen Tupfen auf die Cupcakes spritzen. Die Cupcakes etwa 20 Minuten in den Kühlschrank stellen.

CUPCAKES MIT MARMOR-TOPPING

⏱ Zubereitungszeit: 60 Minuten, ohne Kühlzeit
Backzeit: etwa 35 Minuten

ZUTATEN FÜR 12 STÜCK

ZUM VORBEREITEN:

50 g Zartbitter-Schokolade
(etwa 50 % Kakaoanteil)
50 g weiße Schokolade
30 g Speisestärke, 1 Pck. Vanillin-Zucker
300 ml Milch (3,5 % Fett)

FÜR DEN TEIG:

50 g Zartbitter-Schokolade
(etwa 50 % Kakaoanteil)
50 g weiße Schokolade
2 Eiweiß (Größe M), 1 Prise Salz
140 g Zucker
2 Eigelb (Größe M), 1 Ei (Größe M)
einige Tropfen Butter-Vanille-Aroma
180 g Butter oder Margarine (zimmerwarm)
180 g Weizenmehl
1 ½ gestr. TL Backpulver
70 ml Milch (3,5 % Fett)

FÜR DAS TOPPING:

200 g Butter (zimmerwarm)
120 g Puderzucker

ZUM GARNIEREN:

12 Meeresfrüchte-Nuss-Nougat-Pralinen
(etwa 130 g)

PRO STÜCK:

E: 6 g, F: 38 g, Kh: 50 g, kcal: 567

---

1. Zum Vorbereiten für das Topping die Schokoladensorten getrennt voneinander in Stücke brechen. Speisestärke und Vanillin-Zucker mischen und mit 4 Esslöffeln von der Milch verrühren. Restliche Milch in einem Topf aufkochen lassen. Topf von der Kochstelle nehmen, angerührte Speisestärke in die Milch rühren. Pudding unter Rühren etwa 1 Minute kochen lassen, anschließend in zwei gleich große Portionen teilen.

2. Unter eine Hälfte von dem heißen Pudding die Zartbitter-, unter die andere Hälfte die weiße Schokolade rühren und schmelzen lassen. Frischhaltefolie direkt auf die Oberfläche jedes Puddings legen, damit sich keine Haut bildet. Hellen und dunklen Pudding auf Zimmertemperatur abkühlen lassen.

3. Für den Teig beide Sorten Schokolade zusammen fein hacken.

4. Den Backofen vorheizen.
Ober-/Unterhitze: etwa 180 °C
Heißluft: etwa 160 °C

5. Eiweiß und Salz mit einem Mixer (Rührstäbe) auf höchster Stufe steif schlagen. Den Eischnee 3 Minuten weiterschlagen, dabei nach und nach die Hälfte des Zuckers unterschlagen.

6. In einer anderen Schüssel das Eigelb mit Ei, restlichem Zucker, Aroma und Butter oder Margarine mit dem Mixer (Rührstäbe) schaumig rühren. Mehl mit Backpulver mischen und abwechselnd mit der Milch auf niedrigster Stufe kurz unterrühren. Die gehackte Schokolade kurz unterrühren. Eischnee ebenfalls in zwei Portionen kurz unterrühren.

7. Den Teig in die Mulden einer Muffinform (für 12 Muffins, mit Papierbackförmchen ausgelegt) geben und glatt streichen. Die Form auf dem Rost in den vorgeheizten Backofen schieben. Die Cupcakes **etwa 35 Minuten backen**.

8. Die Form auf einen Kuchenrost stellen. Die Cupcakes etwa 5 Minuten in der Form abkühlen lassen. Anschließend aus der Form lösen und auf dem Kuchenrost erkalten lassen.

9. Für das Topping die Butter kurz aufschlagen. Puderzucker in zwei Portionen dazugeben und schaumig schlagen. Die Buttermasse in zwei gleich große Portionen teilen. Unter eine Hälfte nach und nach den hellen Pudding, unter die andere Hälfte nach und nach den dunklen Pudding rühren, dabei darauf achten, dass Butter und Pudding Zimmertemperatur haben, da die Cremes sonst gerinnen.

10. Für ein Marmormuster die helle und die dunkle Creme esslöffelweise abwechselnd in einen Spritzbeutel mit Lochtülle (Ø etwa 12 mm) füllen. Die Creme schneckenförmig auf die Cupcakes spritzen. Die Cupcakes etwa 15 Minuten in den Kühlschrank stellen.

11. Die Cupcakes vor dem Servieren mit Meeresfrüchte-Pralinen garnieren.

CUPCAKES & MUFFINS

DINKEL-NUSS-MUFFINS

⏱ Zubereitungszeit: 20 Minuten, ohne Abkühlzeit
Backzeit: etwa 25 Minuten

ZUTATEN FÜR 12 STÜCK

FÜR DEN TEIG:

170 g Dinkelmehl (Type 630)
100 g gem. Haselnusskerne
3 gestr. TL Backpulver
1 Prise Salz
130 g Zucker
1 Pck. Vanillin-Zucker
200 ml Buttermilch
70 ml Sonnenblumenöl
2 Eier (Größe M)

ZUM GARNIEREN:

200 g Nuss-Nougat-Creme

ZUSÄTZLICH:

12 Backpapier-Quadrate (je etwa 19 x 19 cm)

PRO STÜCK:

E: 5 g, F: 18 g, Kh: 33 g, kcal: 317

1. Den Backofen vorheizen.
Ober-/Unterhitze: etwa 180 °C
Heißluft: etwa 160 °C

2. Für den Teig Mehl, Haselnusskerne, Backpulver, Salz, Zucker und Vanillin-Zucker in einer Rührschüssel mit einem Schneebesen verrühren.

3. Buttermilch, Sonnenblumenöl und Eier in einem Rührbecher mit dem Schneebesen verrühren. Die flüssigen Zutaten zu der Nuss-Mehl-Mischung in die Rührschüssel geben und zu einem glatten Teig verrühren.

4. Die vorbereiteten Backpapier-Quadrate in die Mulden einer Muffinform (für 12 Muffins) drücken. Den Rand dabei so zusammenfalten, dass die Papierspitzen hochstehen.

5. Den Teig in die Mulden geben und glatt streichen. Die Form auf dem Rost in den vorgeheizten Backofen schieben. Dinkel-Nuss-Muffins **etwa 25 Minuten backen**.

6. Die Form auf einen Kuchenrost stellen. Muffins etwa 5 Minuten in der Form abkühlen lassen. Anschließend vorsichtig aus der Form lösen und auf dem Kuchenrost erkalten lassen.

7. Zum Garnieren mit einem Teelöffel je einen dicken Klecks Nuss-Nougat-Creme auf die Muffins geben.

TIPPS:

Für die Dinkel-Nuss-Muffins können Sie anstelle der Backpapier-Quadrate auch einfach Muffin-Papierbackförmchen verwenden. Als zusätzliches Topping eignen sich schokolierte Nüsse sehr gut.

EIERLIKÖR-BEEREN-MUFFINS

🕐 Zubereitungszeit: 20 Minuten, ohne Abkühlzeit
Backzeit: 25–30 Minuten
▲ Mit Alkohol

ZUTATEN FÜR 12 STÜCK

FÜR DEN TEIG:

3 Eier (Größe M)
100 g Puderzucker, 1 Prise Salz
100 ml Eierlikör, 150 ml Sonnenblumenöl
125 g Weizenmehl
100 g Speisestärke, 2 gestr. TL Backpulver
150 g TK-Beerenmischung

ZUM VERZIEREN:

1 Pck. Paradiescreme Schokoladen-Geschmack (Dessertpulver)
200 g Schlagsahne
100 ml Eierlikör

ZUM BETRÄUFELN:

evtl. 2 EL Eierlikör

ZUSÄTZLICH:

12 Muffin-Papierbackförmchen

PRO STÜCK:

E: 4 g, F: 20 g, Kh: 28 g, kcal: 321

---

1. Den Backofen vorheizen.
Ober-/Unterhitze: etwa 180 °C
Heißluft: etwa 160 °C

2. Für den Teig die Eier mit einem Mixer (Rührstäbe) auf höchster Stufe in 1 Minute schaumig schlagen. Puderzucker mit Salz mischen, in 1 Minute einstreuen, dann noch etwa 2 Minuten schlagen. Eierlikör und Sonnenblumenöl unterrühren.

3. Mehl, Speisestärke und Backpulver mischen, auf die Eiercreme geben und kurz auf niedrigster Stufe unterrühren. Die gefrorenen Beeren unterheben.

4. Den Teig in die Mulden einer Muffinform (für 12 Muffins, mit Papierbackförmchen ausgelegt) geben und glatt streichen. Die Form auf dem Rost in den vorgeheizten Backofen schieben. Die Eierlikör-Beeren-Muffins **25–30 Minuten backen**.

5. Die Form auf einen Kuchenrost stellen. Die Muffins etwa 10 Minuten in der Form abkühlen lassen. Anschließend aus der Form lösen und auf dem Kuchenrost erkalten lassen.

6. Zum Verzieren das Dessertpulver mit Sahne und Eierlikör nach Packungsanleitung – aber mit den hier angegebenen Zutaten und Mengen – zubereiten. Die Creme mit einem Spritzbeutel mit Lochtülle (ø etwa 1 cm) auf die Cakes spritzen. Nach Belieben zusätzlich mit etwas Eierlikör beträufeln.

ERDBEER-CUPCAKES

⏱ Zubereitungszeit: 35 Minuten, ohne Abkühlzeit
Backzeit: etwa 30 Minuten

ZUTATEN FÜR 12 STÜCK

FÜR DEN TEIG:

2 Eiweiß (Größe M), 1 Prise Salz
1 Pck. Vanillin-Zucker, 180 g Zucker
2 Eigelb (Größe M), 1 Ei (Größe M)
220 g Butter oder Margarine (zimmerwarm)
200 g Weizenmehl
1 ½ gestr. TL Backpulver, 1 Msp. Natron
100 g Joghurt (3,5 % Fett)

FÜR DAS TOPPING:

500 g vorbereitete Erdbeeren
50 g Baiser (Fertigprodukt), 2 Pck. Sahnesteif
250 g Mascarpone (ital. Frischkäse)
100 g Schlagsahne (mind. 30 % Fett)
50 g Joghurt (3,5 % Fett)

ZUSÄTZLICH:

12 Muffin-Papierbackförmchen

PRO STÜCK:

E: 5 g, F: 29 g, Kh: 36 g, kcal: 433

---

1. Den Backofen vorheizen.
Ober-/Unterhitze: etwa 180 °C
Heißluft: etwa 160 °C

2. Für den Teig Eiweiß mit Salz in einer Rührschüssel mit einem Mixer (Rührstäbe) steif schlagen. Den Eischnee 3 Minuten weiterschlagen, dabei nach und nach den Vanillin-Zucker und die Hälfte vom Zucker unterschlagen.

3. In einer anderen Rührschüssel Eigelb mit Ei, Fett und restlichem Zucker mit dem Mixer (Rührstäbe) schaumig rühren. Mehl mit Backpulver und Natron mischen, mit dem Joghurt abwechselnd unterrühren. Den Eischnee in zwei Portionen kurz auf niedrigster Stufe unterrühren.

4. Den Teig gleichmäßig in den Mulden einer Muffinform (für 12 Muffins, mit Papierbackförmchen ausgelegt) verteilen. Die Form auf dem Rost in den vorgeheizten Backofen schieben. Die Cupcakes **etwa 30 Minuten backen**.

5. Die Muffinform auf einen Kuchenrost stellen. Cupcakes etwa 5 Minuten abkühlen lassen, dann mit den Förmchen aus der Form nehmen, etwa 1 Stunde auf dem Kuchenrost erkalten lassen.

6. Für das Topping 6 Erdbeeren zum Garnieren beiseitelegen, restliche Erdbeeren klein würfeln. Das Baiser grob hacken, dann mit den Fingern zerbröseln. Baiserbrösel mit Erdbeerwürfeln und Sahnesteif in einer Schüssel mischen. Mascarpone mit Sahne in einer Rührschüssel mit dem Mixer (Rührstäbe) steif schlagen. Die Hälfte der Mascarpone-Sahne mit der Erdbeermasse mischen. Die Erdbeercreme mit einem Messer auf die Cupcakes streichen.

7. Den Joghurt kurz unter die restliche Mascarpone-Sahne rühren. Die Creme in einen Spritzbeutel mit Sterntülle (Ø etwa 1 cm) füllen. Auf jeden Cupcake einen Tupfen Creme spritzen. Die Cupcakes jeweils mit ½ Erdbeere garnieren und sofort servieren.

ERDBEER-PANNACOTTA-MUFFINS

⏱ Zubereitungszeit: 35 Minuten, ohne Kühlzeit

ZUTATEN FÜR 12 STÜCK

FÜR DEN RAND UND DEN BODEN:

375 g Butterkekse mit Zartbitter-Schokolade
25 g Butter

FÜR DIE PANNACOTTA-FÜLLUNG:

6 Blatt weiße Gelatine
500 g Erdbeeren
300 g Schlagsahne
40 g Puderzucker, 1 EL Zitronensaft

ZUSÄTZLICH:

12 Muffin-Papierbackförmchen

PRO STÜCK:

E: 4 g, F: 18 g, Kh: 26 g, kcal: 283

1. Für den Rand 24 Butterkekse jeweils mit einem Sägemesser von der kurzen Seite her 2-mal durchschneiden, sodass aus jedem Keks 3 gleich große Stangen entstehen.

2. Jeweils 6 Keksstangen gleichmäßig verteilt als Rand in die Mulden einer Muffinform (für 12 Muffins, mit Papierbackförmchen ausgelegt) stellen. Die Schokoladenseite soll dabei nach innen zeigen.

3. Die restlichen 3 Butterkekse in Stücke brechen, in einen Blitzhacker geben und fein zerbröseln.

4. Die Butter in einem kleinen Topf zerlassen und die Keksbrösel unterrühren. Die Bröselmasse mit einem Teelöffel gleichmäßig in den Papierbackförmchen verteilen und vorsichtig zu einem Boden andrücken.

5. Die Muffinform für etwa 30 Minuten in den Kühlschrank stellen.

6. Für die Füllung in der Zwischenzeit Gelatine nach Packungsanleitung einweichen. Die Erdbeeren abspülen, entstielen und auf Küchenpapier gut abtropfen lassen. 6 Erdbeeren zum Garnieren beiseitelegen. 250 g Erdbeeren pürieren. Restliche Erdbeeren fein würfeln.

7. Sahne mit Puderzucker und Erdbeerpüree in einem Topf unter Rühren zum Kochen bringen. Den Topf von der Kochstelle nehmen, die Gelatine leicht ausdrücken, in der heißen Erdbeersahne unter Rühren auflösen. Zitronensaft unterrühren.

8. Die Erdbeersahne in den Kühlschrank stellen und unter gelegentlichem Rühren erkalten lassen, bis sie beginnt dicklich zu werden. Dann die Erdbeerwürfel unterrühren.

9. Die Füllung gleichmäßig in den mit Butterkeksstangen ausgelegten Papierbackförmchen verteilen. Die beiseitegelegten Erdbeeren halbieren und jeden Muffin mit 1 Erdbeerhälfte belegen. Die Form mindestens 60 Minuten in den Kühlschrank stellen.

10. Die Muffins mit den Papierbackförmchen aus der Muffinform heben und servieren.

ERDNUSS-CUPCAKES

⏱ Zubereitungszeit: 20 Minuten, ohne Abkühlzeit
Backzeit: etwa 30 Minuten

ZUTATEN FÜR 12 STÜCK

FÜR DEN TEIG:

50 g geröstete, gesalzene Erdnusskerne
3 Eier (Größe M), 1 Prise Salz
150 g brauner Zucker, 2 Pck. Vanillin-Zucker
30 g Erdnusscreme, creamy
150 g Butter oder Margarine (zimmerwarm)
90 g Weizenmehl, 40 g Speisestärke
1 Msp. Backpulver, 1 Msp. Natron
2 EL Milch

FÜR DAS TOPPING:

180 g Erdnusscreme, creamy
50 g Butter
300 g Doppelrahm-Frischkäse
75 g Puderzucker
1 Pck. Vanillin-Zucker
1 Prise Salz

ZUM GARNIEREN:

etwa 50 g Haselnuss-Krokant

ZUSÄTZLICH:

12 Muffin-Papierbackförmchen

PRO STÜCK:

E: 10 g, F: 36 g, Kh: 36 g, kcal: 511

---

1. Den Backofen vorheizen.
Ober-/Unterhitze: etwa 180 °C
Heißluft: etwa 160 °C

2. Für den Teig die Erdnusskerne fein hacken. Die Eier mit dem Salz in einer Rührschüssel mit einem Mixer (Rührstäbe) auf höchster Stufe kurz aufschlagen. Die Eiermasse 3 Minuten weiterschlagen, dabei nach und nach den braunen Zucker und Vanillin-Zucker einrieseln lassen.

3. In einer anderen Schüssel Peanut Butter mit Butter oder Margarine schaumig rühren. Die klein gehackten Erdnusskerne unterrühren. Mehl mit Speisestärke, Backpulver und Natron mischen. Das Mehlgemisch und die Milch abwechselnd kurz unter die Buttermasse rühren. Die Eiercreme in zwei Portionen kurz auf niedrigster Stufe unterrühren.

4. Den Teig in den Mulden einer Muffinform (für 12 Muffins, mit Papierbackförmchen ausgelegt) verteilen. Die Muffinform auf dem Rost auf mittlerer Einschubleiste in den vorgeheizten Backofen schieben. Die Cupcakes **etwa 30 Minuten backen**.

5. Die Muffinform auf einen Kuchenrost stellen und die Cupcakes kurz abkühlen lassen. Dann die Cupcakes mit den Förmchen aus der Muffinform nehmen und auf dem Kuchenrost etwa 1 Stunde erkalten lassen.

6. Für das Topping die Zutaten in eine Rührschüssel geben und mit dem Mixer (Rührstäbe) kurz zu einer glatten Creme aufschlagen. Die Creme mit einem Löffel auf den Cakes verteilen. Zum Servieren die Cakes mit Krokant bestreuen.

ERDNUSS-KROKANT-CAKES

⏱ Zubereitungszeit: 40 Minuten, ohne Abkühlzeit
Backzeit: etwa 30 Minuten

ZUTATEN FÜR 12 STÜCK

FÜR DEN TEIG:

50 g geröstete, gesalzene Erdnusskerne
3 Eier (Größe M), 1 Prise Salz
150 g brauner Zucker, 2 Pck. Vanillin-Zucker
30 g Erdnusscreme, creamy
150 g Butter oder Margarine (zimmerwarm)
90 g Weizenmehl, 40 g Speisestärke
1 Msp. Backpulver, 1 Msp. Natron
2 EL Buttermilch

FÜR DEN KROKANT:

70 g geröstete, gesalzene Erdnusskerne
100 g Zucker, etwas Speiseöl

FÜR DAS TOPPING:

180 g Erdnusscreme, creamy
50 g Butter (zimmerwarm)
300 g Doppelrahm-Frischkäse (zimmerwarm)
80 g Puderzucker, 1 Pck. Vanillin-Zucker
1 Prise Salz

ZUSÄTZLICH:

12 Muffin-Papierbackförmchen

PRO STÜCK:

E: 11 g, F: 39 g, Kh: 42 g, kcal: 556

---

1. Den Backofen vorheizen.
Ober-/Unterhitze: etwa 180 °C
Heißluft: etwa 160 °C

2. Für den Teig die Erdnusskerne fein hacken. Die Eier mit dem Salz mit einem Mixer (Rührstäbe) auf höchster Stufe kurz aufschlagen. Eiermasse etwa 3 Minuten weiterschlagen, dabei nach und nach den Zucker und Vanillin-Zucker einrieseln lassen.

3. In einer anderen Schüssel Erdnusscreme mit Butter oder Margarine schaumig rühren. Die klein gehackten Erdnusskerne unterrühren. Mehl mit Speisestärke, Backpulver und Natron mischen. Das Mehlgemisch und die Buttermilch abwechselnd kurz unter die Buttermasse rühren. Eiercreme in zwei Portionen auf niedrigster Stufe kurz unterrühren. Den Teig in die Mulden einer Muffinform (für 12 Muffins, mit Papierbackförmchen ausgelegt) geben und glatt streichen.

4. Die Form auf dem Rost in den vorgeheizten Backofen schieben. Die Cakes **etwa 30 Minuten backen**.

5. Die Form auf einen Kuchenrost stellen. Cakes etwa 5 Minuten abkühlen lassen, aus der Form lösen und auf dem Kuchenrost erkalten lassen.

6. Für den Krokant inzwischen die Erdnusskerne klein hacken. Einen Bogen Backpapier auf ein Backblech legen. Zucker in einem breiten Edelstahltopf bei mittlerer Hitze goldbraun karamellisieren lassen. Die Erdnusskerne dazugeben, untermengen und kurz erhitzen. Den Topf von der Kochstelle nehmen.

7. Die heiße Karamellmasse sofort auf das Backpapier geben. Einen zweiten Bogen Backpapier darauflegen. Die Masse mit einer Teigrolle möglichst flach ausrollen (Achtung: Die Masse ist sehr heiß!). Sobald sich das obere Backpapier lösen lässt, das Papier abziehen. Die Klinge eines großen, stabilen Messers leicht mit Öl bestreichen und den heißen Krokant in etwa 1 cm breite Streifen schneiden. Krokant erkalten lassen.

8. Für das Topping die Zutaten in eine Rührschüssel geben und mit dem Mixer (Rührstäbe) kurz zu einer glatten Creme aufschlagen. Die Creme mit einem Löffel auf den Cakes verteilen. Die Krokantstreifen in 5–6 cm lange Streifen brechen und die Cupcakes damit garnieren.

CUPCAKES & MUFFINS

ESPRESSO-MARZIPAN-CAKES

⏱ Zubereitungszeit: 35 Minuten, ohne Abkühlzeit
Backzeit: etwa 30 Minuten

ZUTATEN FÜR 12 STÜCK

FÜR DEN TEIG:

100 g Marzipan-Rohmasse
2 Eiweiß (Größe M)
1 Prise Salz
120 g Zucker
2 Eigelb (Größe M)
120 g Butter oder Margarine (zimmerwarm)
1 Ei (Größe M)
2 TL Instant-Espresso-Pulver
75 g saure Sahne
130 g Weizenmehl
1 gestr. TL Backpulver
1 Msp. Natron

FÜR DAS TOPPING:

3–4 TL Instant-Espresso-Pulver
2 EL lauwarmes Wasser
400 g Mascarpone (ital. Frischkäse)
100 ml kalte Milch (3,5 % Fett)
100 g Puderzucker
1 Pck. Sahnesteif
12 schokolierte Kaffeebohnen oder feine Mocca-Bohnen aus Schokolade

ZUSÄTZLICH:

12 Muffin-Papierbackförmchen

PRO STÜCK:

E: 6 g, F: 28 g, Kh: 33 g, kcal: 412

1. Den Backofen vorheizen.
Ober-/Unterhitze: etwa 180 °C
Heißluft: etwa 160 °C

2. Für den Teig Marzipan in hauchdünne Scheiben schneiden. Das Eiweiß mit dem Salz mit einem Mixer (Rührstäbe) auf höchster Stufe steif schlagen. Eischnee 3 Minuten weiterschlagen, dabei nach und nach die Hälfte von dem Zucker einrieseln lassen.

3. In einer anderen Schüssel die Marzipanscheiben, restlichen Zucker, Eigelb und Butter oder Margarine schaumig rühren. Nacheinander Ei, Espresso-Pulver und saure Sahne unterrühren. Mehl mit Backpulver und Natron mischen. Das Mehlgemisch auf niedrigster Stufe kurz unterrühren. Eischnee ebenfalls kurz unterrühren.

4. Den Teig in die Mulden einer Muffinform (für 12 Muffins, mit Papierbackförmchen ausgelegt) geben und glatt streichen. Die Form auf dem Rost in den vorgeheizten Backofen schieben. Die Cakes **etwa 30 Minuten backen**.

5. Die Muffinform auf einen Kuchenrost stellen. Cupcakes etwa 5 Minuten in der Form abkühlen lassen. Anschließend aus der Form lösen und auf dem Kuchenrost erkalten lassen.

6. Für das Topping Espresso-Pulver im Wasser auflösen und kalt stellen. Mascarpone mit Milch in eine Schüssel geben, mit dem Mixer (Rührstäbe) zu einer Creme aufschlagen. Puderzucker mit Sahnesteif mischen und unter die Mascarpone-Masse rühren. Zuletzt den erkalteten Espresso unterrühren.

7. Die Creme in einen Spritzbeutel mit Lochtülle (Ø 12–15 mm) füllen. Auf jeden Cupcake einen dicken Tupfen Creme spritzen und danach mit 1 schokolierten Kaffee- oder 1 Mocca-Bohne garnieren. Die Cupcakes etwa 15 Minuten in den Kühlschrank stellen.

FLORENTINER-CAKES

⏱ Zubereitungszeit: 50 Minuten, ohne Kühlzeit
Backzeit: etwa 35 Minuten

ZUTATEN FÜR 12 STÜCK

FÜR DEN TEIG:

2 Eiweiß (Größe M), 1 Prise Salz
140 g Zucker
2 Eigelb (Größe M), 1 Ei (Größe M)
150 g Butter oder Margarine (zimmerwarm)
2 EL neutrales Speiseöl
1 Pck. Orangenschalen-Aroma
180 g Weizenmehl, 1 ½ gestr. TL Backpulver
75 g saure Sahne
50 g Zartbitter-Raspelschokolade
30 g gehobelte Mandeln

FÜR DAS TOPPING:

1 Bio-Zitrone (unbehandelt, ungewachst)
3 Eiweiß (Größe M)
180 g Zucker
200 g Butter (zimmerwarm)
100 g kleine Florentiner (Mandelkrokantgebäck)

ZUSÄTZLICH:

12 Muffin-Papierbackförmchen

PRO STÜCK:

E: 6 g, F: 33 g, Kh: 45 g, kcal: 505

---

1. Den Backofen vorheizen.
Ober-/Unterhitze: etwa 180 °C
Heißluft: etwa 160 °C

2. Für den Teig Eiweiß mit Salz in einer Rührschüssel mit einem Mixer (Rührstäbe) auf höchster Stufe steif schlagen. Eischnee 3 Minuten weiterschlagen, dabei nach und nach die Hälfte des Zuckers unterrühren.

3. In einer anderen Schüssel das Eigelb mit Ei, restlichem Zucker, Butter oder Margarine, Öl und Orangenschalen-Aroma schaumig rühren. Mehl mit Backpulver mischen und abwechselnd mit der sauren Sahne auf niedrigster Stufe kurz unterrühren. Erst Raspelschokolade, dann Eischnee ebenfalls kurz unterrühren.

4. Teig in die Mulden einer Muffinform (für 12 Muffins, mit Papierbackförmchen ausgelegt) geben, glatt streichen und mit Mandeln bestreuen. Die Form auf dem Rost in den vorgeheizten Backofen schieben. Die Cakes **etwa 35 Minuten backen**.

5. Die Muffinform auf einen Kuchenrost stellen. Cupcakes nach 5 Minuten aus der Form lösen und auf dem Kuchenrost erkalten lassen.

6. Für das Topping die Zitrone heiß abspülen und abtrocknen. Die Hälfte der Zitronenschale fein abreiben, Schale beiseitelegen. Die Zitrone halbieren und den Saft auspressen.

7. Eiweiß mit 2 Teelöffeln von dem Zitronensaft sowie dem Zucker in einer großen Metallschüssel verrühren. Die Schüssel in einen passenden Topf mit heißem Wasser setzen.

8. Das Eiweiß bei mittlerer Hitze mit einem großen Schneebesen etwa 5 Minuten schlagen, bis der Zucker aufgelöst ist und die Masse glänzend, cremig und warm ist. Das Eiweiß sollte nicht am Schüsselrand fest werden – dann ist das Wasserbad zu heiß.

9. Die Schüssel aus dem Wasserbad nehmen, den Eischnee mit einem großen Schneebesen oder dem Mixer (Rührstäbe) weiterschlagen, bis die Masse an Volumen zunimmt und fest und wieder abgekühlt ist.

10. In einer anderen Schüssel die Butter cremig rühren. Die Butter nach und nach unter den Eischnee rühren. Danach die Zitronenschale unterrühren.

11. Von den Florentinern 12 Stück zum Garnieren beiseitelegen. Restliche Florentiner in einen Gefrierbeutel geben. Den Beutel fest verschließen und die Florentiner mit einer Teigrolle fein zerbröseln. Brösel unter die Eiweißcreme heben.

12. Die Creme in einen Spritzbeutel mit Lochtülle (Ø etwa 12 mm) füllen. Flache Wellenlinien auf die Cupcakes spritzen. Cupcakes etwa 15 Minuten in den Kühlschrank stellen. Die Cupcakes vor dem Servieren mit den beiseitegelegten Florentinern garnieren.

HINWEIS:

Für die Florentiner-Cakes nur ganz frische Eier verwenden (Legedatum beachten, mind. 23 Tage Resthaltbarkeit!). Die Cupcakes unbedingt im Kühlschrank aufbewahren und innerhalb von 24 Stunden verzehren.

CUPCAKES & MUFFINS

FRUCHTMUFFINS MIT STREUSELN

⏱ Zubereitungszeit: 45 Minuten, ohne Abkühlzeit
Backzeit: 20–25 Minuten (Streusel), 25 Minuten (Muffins)

ZUTATEN FÜR 12 STÜCK

FÜR DEN STREUSELTEIG:

75 g Weizenmehl, 25 g Zucker, 50 g Butter

FÜR DEN TEIG:

250 g Weizenmehl, 3 gestr. TL Backpulver
120 g Zucker, 1 Pck. Vanillin-Zucker
1 gestr. TL gem. Zimt, 1 Prise Salz
100 g Butter
1 feste Birne (etwa 200 g)
2 Eier (Größe M)
2 EL Joghurt (1,5 % Fett)
1 Apfel, z. B. Elstar

ZUM GARNIEREN:

3 EL Aprikosenkonfitüre

ZUSÄTZLICH:

12 Muffin-Papierbackförmchen

PRO STÜCK:

E: 4 g, F: 12 g, Kh: 40 g, kcal: 284

---

1. Den Backofen vorheizen.
Ober-/Unterhitze: etwa 200 °C
Heißluft: etwa 180 °C

2. Für den Streuselteig Mehl in eine Rührschüssel geben. Zucker und Butter hinzufügen. Die Zutaten mit einem Mixer (Rührstäbe) zunächst kurz auf niedrigster, dann auf höchster Stufe zu Streuseln von gewünschter Größe verarbeiten.

3. Die Streusel auf einem Backblech (mit Backpapier belegt) großzügig verteilen. Das Backblech in den vorgeheizten Backofen schieben und die Streusel in 20–25 Minuten goldbraun backen.

4. Das Backblech auf einen Kuchenrost stellen. Die Streusel abkühlen lassen. Inzwischen die Backofentemperatur auf Ober-/Unterhitze: etwa 180 °C bzw. Heißluft: etwa 160 °C herunterschalten.

5. Für den Teig Mehl mit Backpulver, Zucker, Vanillin-Zucker, Zimt und Salz in einer Rührschüssel mit einem Schneebesen verrühren.

6. Die Butter zerlassen. Die Birne schälen, vierteln und das Kerngehäuse entfernen. Die Birnenviertel auf einer Haushaltsreibe fein reiben.

7. Flüssige Butter mit Eiern, Joghurt und fein geriebener Birne in einem Rührbecher mit dem Schneebesen verrühren. Die flüssigen Zutaten zu der Mehlmischung in die Rührschüssel geben und zu einem glatten Teig verrühren.

8. Dann den Teig in die Mulden einer Muffinform (für 12 Muffins, mit Papierbackförmchen ausgelegt) geben und glatt streichen. Den Apfel heiß abwaschen und abtrocknen. Apfel vierteln und das Kerngehäuse entfernen. Die Apfelviertel in dünne Spalten schneiden.

9. Jeweils 3–4 Apfelspalten so in die Mitte von jedem Muffin stecken, dass sie oben noch etwas herausragen. Die Form auf dem Rost (unterste Schiene) in den vorgeheizten Backofen schieben. Die Fruchtmuffins **etwa 25 Minuten backen**.

10. Die Form auf einen Kuchenrost stellen. Fruchtmuffins etwa 5 Minuten in der Form abkühlen lassen. Anschließend aus der Form lösen und auf dem Kuchenrost erkalten lassen.

11. Zum Garnieren die Konfitüre eventuell durch ein Sieb streichen oder glatt pürieren. Die Muffins mit der Konfitüre bestreichen und üppig mit den vorbereiteten Streuseln belegen. Konfitüre trocknen lassen.

FRUCHTQUARK-MUFFINS

⏱ Zubereitungszeit: 20 Minuten, ohne Abkühlzeit
Backzeit: 20–25 Minuten

ZUTATEN FÜR 12 STÜCK

FÜR DEN ALL-IN-TEIG:

50 g Weizenmehl
50 g abgezogene, gem. Mandeln
½ TL Backpulver
75 g Zucker, 1 Prise Salz
1 Ei (Größe M), 1 Eigelb (Größe M)
60 g Butter oder Margarine (zimmerwarm)

FÜR DEN BELAG:

1 Eiweiß (Größe M)
400 g Fruchtquark, z. B. Aprikose
2 gestr. EL Zucker, 1 gestr. EL Hartweizengrieß

ZUM GARNIEREN:

3 EL rote Konfitüre, z. B. Sauerkirschkonfitüre
etwas Vollmilch-Schokolade
einige vorbereitete Minzeblätter

PRO STÜCK:

E: 4 g, F: 9 g, Kh: 22 g, kcal: 192

1. Den Backofen vorheizen.
Ober-/Unterhitze: etwa 200 °C
Heißluft: etwa 180 °C

2. Für den Teig Mehl mit Mandeln und Backpulver in einer Rührschüssel mischen. Restliche Zutaten hinzufügen und mit einem Mixer (Rührstäbe) erst kurz auf niedrigster, dann auf höchster Stufe in etwa 2 Minuten zu einem glatten Teig verarbeiten.

3. Den Teig in eine Muffinform (für 12 Muffins, gefettet und bemehlt) füllen. Die Form auf dem Rost in den vorgeheizten Backofen schieben. Die Muffins **etwa 10 Minuten vorbacken**.

4. Für den Belag das Eiweiß mit dem Mixer (Rührstäbe) auf höchster Stufe steif schlagen. Der Schnee muss so fest sein, dass ein Messerschnitt sichtbar bleibt. Quark, Zucker und Grieß dazugeben und kurz unterrühren.

5. Die Quarkmasse auf die vorgebackenen Muffins geben. Die Backofentemperatur um etwa 20 °C herunterschalten. Die Form wieder auf dem Rost in den heißen Backofen schieben. Die Muffins **in 10–15 Minuten fertig backen**.

6. Die Muffinform auf einen Kuchenrost stellen. Die Muffins in der Form etwa 10 Minuten abkühlen lassen. Anschließend vorsichtig aus der Form lösen und auf einem Kuchenrost erkalten lassen.

7. Zum Garnieren auf jeden Muffin vor dem Servieren einen Klecks Konfitüre geben. Von der Schokolade mit einem Sparschäler einige Flocken abhobeln und auf den Muffins verteilen. Mit Minzeblättchen garnieren.

FRUCHTTRAUM-CUPCAKES

- ⏱ Zubereitungszeit: 30 Minuten, ohne Abkühlzeit
  Backzeit: 20–25 Minuten
- ▲ Mit Alkohol

ZUTATEN FÜR 12 STÜCK

FÜR DEN TEIG:

4 Eier (Größe M), 1 Eigelb (Größe M)
80 g Zucker
120 g Weizenmehl, 2 gestr. TL Backpulver
2 EL gesiebter Kakao zum Backen

FÜR DAS TOPPING:

150 g TK-Beerenmischung
250 g Schlagsahne (mind. 30 % Fett)
1 Pck. Sahnesteif, 50 g Baiser (Fertigprodukt)
4 EL Eierlikör

ZUSÄTZLICH:

12 Muffin-Papierbackförmchen

PRO STÜCK:

E: 5 g, F: 10 g, Kh: 21 g, kcal: 196

---

1. Den Backofen vorheizen.
Ober-/Unterhitze: etwa 180 °C
Heißluft: etwa 160 °C

2. Für den Teig die Eier und das Eigelb in einer Rührschüssel mit einem Mixer (Rührstäbe) auf höchster Stufe etwa 3 Minuten schaumig schlagen. Nach und nach den Zucker einrieseln lassen. Dann noch weitere 3 Minuten schlagen.

3. Mehl mit Backpulver und Kakaopulver mischen. Die Mehlmischung auf die Eiercreme geben und vorsichtig unterrühren.

4. Den Teig in die Mulden einer Muffinform (für 12 Muffins, mit Papierbackförmchen ausgelegt) geben und glatt streichen. Die Form auf dem Rost in den vorgeheizten Backofen schieben. Die Cakes **20–25 Minuten backen.**

5. Die Form auf einen Kuchenrost stellen. Cakes etwa 10 Minuten in der Form abkühlen lassen. Anschließend aus der Form lösen und auf dem Kuchenrost erkalten lassen.

6. Für das Topping inzwischen die Beeren nach Packungsanleitung auftauen lassen. Sahne und Sahnesteif mit dem Mixer (Rührstäbe) steif schlagen. Baiser mit den Händen nicht zu fein zerbröseln. Baiserbrösel und Beeren vorsichtig unter die Schlagsahne heben.

7. Die fruchtige Baiser-Sahne mit einem Löffel auf den Cupcakes verteilen, mit Eierlikör beträufeln und sofort servieren.

TIPPS:

Im Sommer ist es besonders erfrischend, wenn Sie die Beeren noch leicht gefroren unter die Schlagsahne heben. Sie können statt der Beeren auch die gleiche Menge abgetropfte Sauerkirschen (aus dem Glas) unter die Baiser-Sahne heben und das Topping mit Zartbitter-Raspelschokolade oder mit Schokoröllchen bestreuen. Ersetzen Sie den Eierlikör durch Vanillesauce.

GLÜHWEIN-MUFFINS MIT SAHNEHÄUBCHEN

- Zubereitungszeit: 60 Minuten, ohne Abkühlzeit
  Backzeit: etwa 20 Minuten
- Mit Alkohol

ZUTATEN FÜR 12 STÜCK

ZUM VORBEREITEN:

1 Bio-Orange (unbehandelt, ungewachst)
200 ml Rotwein
2 TL Glühweingewürz
50 g Zartbitter-Kuvertüre

FÜR DEN TEIG:

220 g Weizenmehl
80 g gem. Mandeln
2 gestr. TL Backpulver
80 g Zucker
1 Prise Salz
½ TL gem. Zimt
2 Eier (Größe M)
150 g Joghurt (3,5 % Fett)
80 ml neutrales Pflanzenöl,
 z. B. Sonnenblumen- oder Rapsöl

ZUM VERZIEREN:

250 g Schlagsahne (mind. 30 % Fett)
1 Pck. Vanillin-Zucker
1 Pck. Sahnesteif
12 rote Belegkirschen
bunte Zucker-Dekorsterne

ZUSÄTZLICH:

12 Muffin-Papierbackförmchen

PRO STÜCK:

E: 6 g, F: 19 g, Kh: 32 g, kcal: 330

1. Zum Vorbereiten Orange heiß abspülen, halbieren und Saft auspressen. Von der Schale 2 etwa 1 ½ cm breite Streifen abschneiden. Rotwein mit Orangensaft, Orangenschale und Glühweingewürz in einem kleinen Topf einmal aufkochen, dann bei schwacher Hitze etwa 15 Minuten ziehen lassen. Glühwein durch ein feines Sieb gießen und abkühlen lassen. Die Kuvertüre fein hacken und in einer Schüssel im warmen Wasserbad schmelzen, dann etwas abkühlen lassen.

2. Den Backofen vorheizen.
Ober-/Unterhitze: etwa 180 °C
Heißluft: etwa 160 °C

3. Für den Teig Mehl mit Mandeln, Backpulver, Zucker, Salz und Zimt in einer Schüssel mit einem Schneebesen verrühren. Eier mit Joghurt, Öl und abgekühltem Glühwein in einer Rührschüssel mit dem Mixer (Rührstäbe) verrühren. Die Mehl-Mandelmischung in zwei Portionen zur Joghurtmasse geben und rasch zu einem glatten Teig verrühren. Zum Schluss die flüssige Kuvertüre unterrühren.

4. Dann den Teig in die Mulden einer Muffinform (für 12 Muffins, mit Papierbackförmchen ausgelegt) geben und glatt streichen. Die Form auf den Rost in den vorgeheizten Backofen schieben. Die Muffins **etwa 20 Minuten backen.**

5. Die Form auf einen Kuchenrost stellen. Die Muffins etwa 5 Minuten in der Form abkühlen lassen. Anschließend aus der Form lösen und auf dem Kuchenrost erkalten lassen.

6. Zum Verzieren die Sahne mit Vanillin-Zucker und Sahnesteif steif schlagen. Mit einem Löffel wolkenartig auf die Muffins auftragen. Je 1 Belegkirsche in die Mitte setzen und mit Zuckersternen verzieren.

TIPP:

Als alkoholfreie Alternative können Sie statt Rotwein roten Fruchtsaft, etwa Johannisbeer- oder Kirschsaft, für den Glühwein verwenden.

CUPCAKES & MUFFINS

GRÜNE-WIESE-CAKES

⏱ Zubereitungszeit: 60 Minuten, ohne Abkühlzeit
Backzeit: etwa 30 Minuten

ZUTATEN FÜR 12 STÜCK

FÜR DEN TEIG:

2 Eiweiß (Größe M), 1 Prise Salz
160 g Zucker, 1 Pck. Vanillin-Zucker
2 Eigelb (Größe M)
150 g Butter oder Margarine (zimmerwarm)
2 EL Keimöl
200 g Weizenmehl, 1 gestr. TL Backpulver
70 ml Orangensaft

FÜR DAS TOPPING:

70 g Zartbitter-Schokolade
   (etwa 50 % Kakaoanteil)
50 ml Milch (3,5 % Fett)
70 g Butter (zimmerwarm), 50 g Puderzucker

ZUM GARNIEREN:

200 g Marzipan-Rohmasse, 50 g Puderzucker
etwas grüne Speisefarbe
etwa 30 bunte Zuckerblümchen

ZUSÄTZLICH:

12 Muffin-Papierbackförmchen

PRO STÜCK:

E: 6 g, F: 26 g, Kh: 47 g, kcal: 449

1. Den Backofen vorheizen.
Ober-/Unterhitze: etwa 180 °C
Heißluft: etwa 160 °C

2. Für den Teig Eiweiß und Salz mit einem Mixer (Rührstäbe) auf höchster Stufe steif schlagen, 3 Minuten weiterschlagen, dabei nach und nach 80 g Zucker und Vanillin-Zucker einrieseln lassen.

3. In einer anderen Schüssel Eigelb mit restlichem Zucker, Butter oder Margarine und Speiseöl schaumig rühren. Mehl mit Backpulver mischen und abwechselnd mit dem Orangensaft mit dem Mixer (Rührstäbe) auf niedrigster Stufe kurz unterrühren. Den Eischnee kurz unterrühren.

4. Teig in die Mulden einer Muffinform (für 12 Muffins, mit Papierbackförmchen ausgelegt) geben und glatt streichen. Die Form auf dem Rost in den vorgeheizten Backofen schieben. Die Cupcakes **etwa 30 Minuten backen.**

5. Die Form auf einen Kuchenrost stellen. Die Cupcakes etwa 5 Minuten in der Form abkühlen lassen. Anschließend aus der Form lösen und auf dem Kuchenrost erkalten lassen.

6. Für das Topping Schokolade in kleine Stücke brechen. Milch in einem Topf erhitzen (nicht kochen lassen). Den Topf von der Kochstelle nehmen, Schokolade in der Milch schmelzen lassen und glatt rühren. Die Schokomasse abkühlen lassen, bis sie anfängt dicklich zu werden.

7. Butter mit Puderzucker schaumig schlagen. Die abgekühlte Schokomasse nach und nach unter die Buttermasse schlagen. Sollte die Creme sehr weich sein, stellen Sie sie etwa 10 Minuten in den Kühlschrank. Die Schokocreme mit einem Teelöffel auf den Cupcakes verstreichen. Cupcakes etwa 15 Minuten in den Kühlschrank stellen.

8. Zum Garnieren in der Zwischenzeit Marzipan mit Puderzucker und Speisefarbe zu einer grasgrünen Masse verkneten. Das Marzipan in 12 gleich große Portionen teilen. Für jeden Cupcake 1 Portion Marzipan durch eine Knoblauchpresse drücken und als „Wiese" auf die Schokocreme geben. Die Cupcakes mit Zuckerblümchen garnieren.

TIPP:

Wer keine Knoblauchpresse hat, kann das Marzipan auch mithilfe eines Löffels durch ein Metallsieb drücken und so „kurzes Gras" bekommen.

HALLOWEEN-CAKES

⏱ Zubereitungszeit: 50 Minuten,
ohne Gefrier- und Abkühlzeit
Backzeit: 20–25 Minuten

ZUTATEN FÜR 12 STÜCK

ZUM VORBEREITEN:

250 g Hokkaido-Kürbis
1 Pck. Pudding-Pulver Vanille-Geschmack
2 EL Zucker
400 ml Milch (1,5 % Fett)

FÜR DEN TEIG:

3 Eiweiß (Größe M), 1 Prise Salz
100 g Zucker
50 g Marzipan-Rohmasse, 3 Eigelb (Größe M)
100 g gem. Haselnüsse
100 g Weizenmehl, 1 ½ gestr. TL Backpulver
1 gestr. TL gem. Zimt, 1 Msp. gem. Nelken
1 Msp. gem. Pfeffer, 1 Prise ger. Muskatnuss

FÜR DAS TOPPING:

150 g Butter (zimmerwarm)
80 g Puderzucker

ZUM BESTREUEN:

50 g geröstete, geschälte Kürbiskerne

ZUSÄTZLICH:

12 Muffin-Papierbackförmchen

PRO STÜCK:

E: 7 g, F: 22 g, Kh: 32 g, kcal: 349

1. Zum Vorbereiten den Kürbis abspülen, abtrocknen und mit der Schale grob raspeln. Die Kürbisraspel in einen Gefrierbeutel geben, den Beutel fest verschließen und die Kürbisraspel 1–2 Stunden in das Gefrierfach legen.

2. Aus Pudding-Pulver, Zucker und Milch einen Pudding nach Packungsanleitung – aber mit den hier angegebenen Mengen – zubereiten. Den Pudding in eine Schüssel geben. Frischhaltefolie direkt auf die Puddingoberfläche legen, damit sich keine Haut bildet. Den Pudding auf Zimmertemperatur abkühlen lassen.

3. Den Backofen vorheizen.
Ober-/Unterhitze: etwa 180 °C
Heißluft: etwa 160 °C

4. Für den Teig Eiweiß und Salz mit einem Mixer (Rührstäbe) auf höchster Stufe steif schlagen. Dabei nach und nach den Zucker einrieseln lassen. Marzipan in hauchdünne Scheiben schneiden, dann mit dem Eigelb in eine Rührschüssel geben. Die Zutaten mit dem Mixer (Rührstäbe) zunächst kurz auf niedrigster, dann auf höchster Stufe schaumig schlagen. So lange schlagen, bis keine Marzipanscheiben mehr zu sehen sind.

5. Nüsse mit Mehl, Backpulver, Zimt, Nelken, Pfeffer und Muskatnuss gut vermischen. Die gefrorenen Kürbisraspel lockern, über die Eischneemasse streuen und unterheben. Die Eigelb-Marzipan-Masse und die Mehl-Nuss-Mischung auf die Eischnee-Kürbis-Masse geben und unterheben. Den Teig in die Mulden einer Muffinform (für 12 Muffins, mit Papierbackförmchen ausgelegt) geben und glatt streichen. Die Form auf dem Rost in den vorgeheizten Backofen schieben. Die Cupcakes **20–25 Minuten backen**.

6. Die Form auf einen Kuchenrost stellen. Cakes etwa 5 Minuten abkühlen lassen, aus der Form lösen und auf dem Kuchenrost erkalten lassen.

7. Für das Topping die Butter mit Puderzucker cremig aufschlagen. Den vorbereiteten Pudding esslöffelweise unterrühren. Dabei darauf achten, dass Butter und der Pudding Zimmertemperatur haben, da die Creme sonst gerinnt. Die Vanillecreme in einen Spritzbeutel mit Lochtülle (Ø etwa 1 cm) füllen. Auf jeden Cupcake einen dicken Tupfen Creme spritzen.

8. Jeden Halloween-Cake vor dem Servieren mit – nach Belieben grob gehackten – Kürbiskernen bestreuen.

TIPP:

Für Marzipan-Kürbisse zum Verzieren 160 g Marzipan-Rohmasse mit 10 g Puderzucker verkneten, mit einigen Tropfen roter und gelber Speisefarbe orange einfärben sowie 20 g Marzipan-Rohmasse mit grüner Speisefarbe grün einfärben. Das orangefarbene Marzipan zu 12 gleich großen Kugeln formen, mit einem Messerrücken seitlich ein-, dann etwas flach drücken. Aus dem grünen Marzipan Ranken formen. Die orangefarbenen Kugeln mit den Ranken zu Kürbissen modellieren. Jeden Halloween-Cake mit einem Kürbis garnieren.

HEFE-MUFFINS MIT APRIKOSENFÜLLUNG

⏱ Zubereitungszeit: 45 Minuten, ohne Teiggehzeit
Backzeit: 25–30 Minuten

ZUTATEN FÜR 12 STÜCK

FÜR DEN TEIG:

250 g Weizenmehl
100 ml Milch (1,5 % Fett)
21 g frische Hefe
2 EL brauner Zucker
1 Pck. Vanillin-Zucker
1 Ei (Größe M), 40 g Butter
2 TL geriebene Zitronenschale
1 Prise Salz

FÜR DIE FÜLLUNG:

6 kleine Aprikosen (etwa 300 g)

ZUM GARNIEREN:

80 g Butter
2 EL Semmelbrösel, 2 EL Mohnsamen
2 TL brauner Zucker

ZUSÄTZLICH:

12 Muffin-Papierbackförmchen

PRO STÜCK:

E: 4 g, F: 10 g, Kh: 24 g, kcal: 204

---

1. Für den Teig Mehl in eine Rührschüssel geben und in die Mitte eine Vertiefung eindrücken.

2. Die Milch lauwarm erwärmen. Hefe hineinbröckeln und mit etwas von dem Zucker unter Rühren darin auflösen. Die Hefemilch in die Vertiefung gießen, mit etwas Mehl verrühren und zugedeckt etwa 15 Minuten gehen lassen.

3. Anschließend restlichen Zucker mit Vanillin-Zucker mischen, Ei, Butter, Zitronenschale und Salz hinzufügen. Die Zutaten mit einem Mixer (Knethaken) zunächst kurz auf niedrigster, dann auf höchster Stufe in etwa 5 Minuten zu einem glatten Teig verarbeiten.

4. Den Teig zugedeckt so lange an einem warmen Ort gehen lassen, bis er sich sichtbar vergrößert hat (etwa 45 Minuten).

5. Für die Füllung die Aprikosen heiß abspülen, abtrocknen, halbieren und den Stein entfernen.

6. Den Teig in 12 gleich große Portionen teilen. Die Teigportionen zu Kugeln formen. In jede Teigkugel eine Mulde drücken, 1 Aprikosenhälfte hineinlegen und mit dem Teig so umhüllen, dass wieder eine Teigkugel entsteht.

7. Die gefüllten Teigkugeln mit der Naht nach unten in die Mulden einer Muffinform (für 12 Muffins, mit Papierbackförmchen ausgelegt) setzen.

8. Die Teigkugeln zugedeckt an einem warmen Ort so lange gehen lassen, bis sie sich sichtbar vergrößert haben (etwa 30 Minuten).

9. Den Backofen vorheizen.
Ober-/Unterhitze: etwa 180 °C
Heißluft: etwa 160 °C

10. Form auf dem Rost in den vorgeheizten Backofen schieben. Die Muffins **25–30 Minuten backen.**

11. Die Form auf einen Kuchenrost stellen.

12. Zum Garnieren Butter bei mittlerer Hitze in einer Pfanne oder einem Topf zerlassen. Semmelbrösel und Mohn hinzugeben, darin unter Wenden rösten. Zucker hinzugeben und unterrühren.

13. Die warmen Muffins aus der Form lösen und auf den Kuchenrost setzen. Die Mohnmasse auf den Muffins verteilen. Muffins erkalten lassen.

VON A–Z

HEFE-PFLAUMEN-CUPCAKES

⏱ Zubereitungszeit: 40 Minuten,
ohne Teiggeh- und Abkühlzeit
Backzeit: 25–30 Minuten

ZUTATEN FÜR 12 STÜCK

ZUM VORBEREITEN:

6 große Pflaumen (etwa 450 g)

FÜR DEN HEFETEIG:

220 g Weizenmehl, 21 g frische Hefe
140 ml Milch (1,5 % Fett, zimmerwarm)
30 g Zucker, 2 Prisen Salz, 1 Eigelb (Größe M)
50 g Butter (zimmerwarm)

FÜR DIE FÜLLUNG:

2 EL klein gehackte Haselnüsse

FÜR DAS TOPPING:

3 EL Zucker, 1 TL gem. Zimt
250 g Schlagsahne (mind. 30 % Fett)
einige Zitronenmelisseblättchen

ZUSÄTZLICH:

12 Muffin-Papierbackförmchen

PRO STÜCK:

E: 4 g, F: 13 g, Kh: 25 g, kcal: 229

1. Die Pflaumen abspülen, abtrocknen, halbieren, entsteinen und jede Hälfte in 4 Spalten schneiden.

2. Für den Teig Mehl in eine Rührschüssel geben und in die Mitte eine Vertiefung eindrücken. Hefe hineinbröckeln, mit etwas Milch und Zucker verrühren und zugedeckt etwa 15 Minuten stehen lassen.

3. Anschließend die restlichen Zutaten hinzufügen und mit einem Mixer (Knethaken) zunächst kurz auf niedrigster, dann auf höchster Stufe in etwa 5 Minuten zu einem glatten Teig verarbeiten. Den Teig zugedeckt so lange an einem warmen Ort gehen lassen, bis er sich sichtbar vergrößert hat (etwa 30 Minuten).

4. Den Backofen vorheizen.
Ober-/Unterhitze: etwa 180 °C
Heißluft: etwa 160 °C

5. Den Teig gleichmäßig in den Mulden einer Muffinform (für 12 Muffins, mit Papierbackförmchen ausgelegt) verteilen. In jeden Cupcake 4 Pflaumenspalten drücken. Die Pflaumenspalten mit den gehackten Nüssen bestreuen. Cupcakes nochmals zugedeckt so lange an einem warmen Ort gehen lassen, bis sie sich sichtbar vergrößert haben (etwa 30 Minuten).

6. Die Muffinform auf dem Rost in den vorgeheizten Backofen schieben. Die Cupcakes **25–30 Minuten backen.**

7. Die Muffinform auf einen Kuchenrost stellen. Cupcakes nach etwa 5 Minuten aus der Form lösen und auf dem Kuchenrost erkalten lassen.

8. Für das Topping Zucker mit Zimt mischen. Die Sahne mit 1 Esslöffel von dem Zimt-Zucker steif schlagen.

9. Vor dem Servieren auf jeden Cupcake 1 Esslöffel Zimtsahne geben und mit Zimt-Zucker bestreuen. Die Cupcakes mit abgespülten, trocken getupften Zitronenmelisseblättchen garnieren.

HEIDELBEER-CUPCAKES

⏱ Zubereitungszeit: 60 Minuten, ohne Abkühlzeit
Backzeit: 20–25 Minuten

ZUTATEN FÜR 12 STÜCK

FÜR DEN TEIG:

125 g Heidelbeeren, 200 g Butter, 150 g Zucker
1 Pck. Bourbon-Vanille-Aroma
3 Eier (Größe M)
175 g Weizenmehl, 1 ½ gestr. TL Backpulver
etwas Salz, 50 ml Milch (3,5 % Fett)

FÜR DAS TOPPING:

1 Pck. Pudding-Pulver Sahne-Geschmack
2 EL Zucker, 500 ml Milch (3,5 % Fett)
250 g Butter (zimmerwarm), 100 g Puderzucker
2–3 EL Heidelbeerkonfitüre
evtl. etwas lila Speisefarbe
einige weiße Nonpareilles (Zuckerperlchen)

ZUSÄTZLICH:

12 Muffin-Papierbackförmchen

PRO STÜCK:

E: 5 g, F: 35 g, Kh: 45 g, kcal: 513

---

1. Den Backofen vorheizen.
Ober-/Unterhitze: etwa 180 °C
Heißluft: etwa 160 °C

2. Für den Teig Heidelbeeren verlesen, abspülen und trocken tupfen. Butter mit Zucker und Aroma mit einem Mixer (Rührstäbe) auf höchster Stufe cremig aufschlagen. Nach und nach die Eier unterrühren. Mehl mit Backpulver und Salz mischen, zusammen mit der Milch auf mittlerer Stufe kurz unterrühren. Zuletzt die Heidelbeeren (12 besonders schöne Beeren zum Garnieren beiseitelegen) vorsichtig unterheben.

3. Teig in den Mulden einer Muffinform (für 12 Muffins, mit Papierbackförmchen ausgelegt) verteilen. Die Form auf dem Rost in den vorgeheizten Backofen schieben. Die Cupcakes **20–25 Minuten backen**.

4. Die Form auf einen Kuchenrost stellen. Die Cupcakes etwa 5 Minuten in der Form abkühlen lassen, dann aus der Form heben und auf dem Kuchenrost erkalten lassen.

5. Für das Topping aus Pudding-Pulver, Zucker und Milch einen Pudding nach Packungsanleitung zubereiten, in eine kalte Schüssel füllen und Frischhaltefolie direkt auf die Oberfläche legen, auf Zimmertemperatur abkühlen lassen.

6. Die Butter mit dem Mixer (Rührstäbe) auf höchster Stufe so lange schlagen, bis sie deutlich heller geworden ist (das kann 10–15 Minuten dauern). Dann den Puderzucker so lange unterrühren, bis er sich gut gelöst hat. Den abgekühlten Pudding durch ein Sieb streichen und esslöffelweise unter langsamem Rühren hinzugeben. Zuletzt die Konfitüre und nach Belieben etwas Speisefarbe unterrühren.

7. Das Topping in einen Spritzbeutel mit Sterntülle (Ø 2 cm) füllen und in einer sich nach oben zuschraubenden Spirale auf die Cupcakes spritzen. Die Cupcakes mit den beiseitegelegten Heidelbeeren und einigen Zuckerperlchen bestreuen.

HEIDELBEER-MUFFINS

🕐 Zubereitungszeit: 30 Minuten, ohne Kühlzeit
Backzeit: etwa 30 Minuten

ZUTATEN FÜR 12 STÜCK

ZUM VORBEREITEN:

250 g frische oder 200 g TK-Heidelbeeren

FÜR DEN ALL-IN-TEIG:

300 g Weizenmehl
3 gestr. TL Backpulver
150 g Zucker, 1 Pck. Bourbon-Vanille-Zucker
1 Prise Salz
2 Eier (Größe M)
½ Becher Sahne-Pudding mit Bourbon-Vanille (aus dem Kühlregal, 250 g)
4 EL (etwa 50 ml) geschmacksneutrales Speiseöl, z. B. Rapsöl

ZUM BESTÄUBEN:

etwas Puderzucker

PRO STÜCK:

E: 4 g, F: 8 g, Kh: 36 g, kcal: 237

1. Den Backofen vorheizen.
Ober-/Unterhitze: etwa 180 °C
Heißluft: etwa 160 °C

2. Frische Heidelbeeren verlesen, vorsichtig abspülen, sehr gut abtropfen lassen und mit Küchenpapier trocken tupfen.

3. Für den Teig Mehl mit Backpulver mischen und in eine Rührschüssel sieben. Zucker, Vanille-Zucker, Salz, Eier, Pudding und Speiseöl hinzufügen. Die Zutaten mit einem Mixer (Rührstäbe) erst kurz auf niedrigster, dann auf höchster Stufe in etwa 2 Minuten zu einem glatten Teig verarbeiten.

4. Heidelbeeren (TK-Heidelbeeren unaufgetaut) vorsichtig mit einem Teigschaber unterheben (nicht zu stark rühren, die Früchte färben sonst den Teig lila).

5. Den Teig in die Mulden einer Muffinform (für 12 Muffins, gefettet, bemehlt) geben und glatt streichen. Die Form auf dem Rost in den vorgeheizten Backofen schieben. Die Muffins **etwa 30 Minuten backen**.

6. Die Muffins etwa 10 Minuten in der Form stehen lassen, dann vorsichtig aus der Form lösen und auf einem Kuchenrost erkalten lassen. Die Muffins mit Puderzucker bestäuben.

TIPP:

Sie können die Muffins auch in doppelt ineinandergestellten Papierbackförmchen backen.

VON A–Z

HEIDELBEER-MUFFINS MIT MOHN

🕐 Zubereitungszeit: 25 Minuten
Backzeit: etwa 25 Minuten

ZUTATEN FÜR 12 STÜCK

ZUM VORBEREITEN:

1 Bio-Orange (unbehandelt, ungewachst)

FÜR DEN TEIG:

260 g Weizenmehl, 1 ½ gestr. TL Backpulver
½ TL Natron, 150 g brauner Zucker
1 Ei (Größe M), 80 ml Sonnenblumenöl
200 ml Buttermilch
125 g Mohn-Back (backfertige Mohnfüllung)

250 g Heidelbeeren

ZUSÄTZLICH:

12 Muffin-Papierbackförmchen

PRO STÜCK:

E: 4 g, F: 9 g, Kh: 34 g, kcal: 236

1. Zum Vorbereiten die Orange heiß abwaschen, abtrocknen und die Schale fein abreiben.

2. Den Backofen vorheizen.
Ober-/Unterhitze: etwa 180 °C
Heißluft: etwa 160 °C

3. Für den Teig das Mehl mit Backpulver, Natron und Zucker in einer Rührschüssel mit einem Schneebesen verrühren. Die Orangenschale unterrühren.

4. In einer anderen Rührschüssel Ei mit Speiseöl und Buttermilch mit dem Schneebesen gut verrühren. Die flüssigen Zutaten zu der Mehlmischung in die Rührschüssel geben und zu einem glatten Teig verrühren. Zuletzt Mohn-Back unterrühren.

5. Die Heidelbeeren verlesen, vorsichtig abspülen, gut abtropfen lassen und zusätzlich vorsichtig mit Küchenpapier trocken tupfen. Die Heidelbeeren vorsichtig unter den Teig heben (nicht zu stark rühren, die Früchte färben sonst den Teig lila).

6. Den Teig in die Mulden einer Muffinform (für 12 Muffins, mit Papierbackförmchen ausgelegt) geben. Die Form auf dem Rost in den vorgeheizten Backofen schieben. Die Muffins **etwa 25 Minuten backen**.

7. Die Form auf einen Kuchenrost stellen. Die Muffins etwa 10 Minuten in der Form abkühlen lassen. Anschließend aus der Form lösen und auf dem Kuchenrost erkalten lassen.

TIPP:

Die Muffins können auch mit frischen Preiselbeeren zubereitet werden.

HIMBEER-FRISCHKÄSE-MUFFINS

⏱ Zubereitungszeit: 30 Minuten, ohne Abkühlzeit
Backzeit: etwa 25 Minuten

ZUTATEN FÜR 12 STÜCK

ZUM VORBEREITEN:

125 g frische oder TK-Himbeeren
35 g Kürbiskerne

FÜR DEN ALL-IN-TEIG:

250 g Weizenmehl
2 TL Backpulver
150 g Zucker
1 Msp. Salz
2 Eier (Größe M)
125 g Butter oder Margarine (zimmerwarm)
125 ml Milch (3,5 % Fett)
150 g Doppelrahm-Frischkäse

ZUM BESTREUEN:

einige Kürbiskerne

ZUM BESPRENKELN:

etwa 75 g Puderzucker
1–2 EL Wasser

PRO STÜCK:

E: 6 g, F: 17 g, Kh: 36 g, kcal: 320

1. Zum Vorbereiten frische Himbeeren verlesen, nach Möglichkeit nicht abspülen (TK-Himbeeren nicht auftauen lassen!). Die Kürbiskerne in grobe Stückchen hacken.

2. Den Backofen vorheizen.
Ober-/Unterhitze: etwa 180 °C
Heißluft: etwa 160 °C

3. Für den Teig Mehl mit Backpulver in einer Rührschüssel mischen. Restliche Zutaten hinzufügen und mit einem Mixer (Rührstäbe) zunächst kurz auf niedrigster, dann auf höchster Stufe in etwa 2 Minuten zu einem glatten Teig verarbeiten.

4. Die Himbeeren (TK-Himbeeren nicht aufgetaut) und gehackte Kürbiskerne unter den Teig heben.

5. Den Teig in die Mulden einer Muffinform (für 12 Muffins, gefettet, bemehlt) geben und glatt streichen. Die Muffins mit je 2–3 ganzen Kürbiskernen bestreuen.

6. Die Form auf dem Rost in den vorgeheizten Backofen schieben. Die Muffins **etwa 25 Minuten backen.**

7. Die Form auf einen Kuchenrost stellen. Die Muffins etwa 20 Minuten in der Form abkühlen lassen. Anschließend vorsichtig aus der Form lösen und auf den mit Backpapier belegten Kuchenrost setzen.

8. Zum Besprenkeln Puderzucker mit Wasser zu einem dünnflüssigen Guss verrühren. Die warmen Muffins damit besprenkeln und erkalten lassen.

TIPPS:

Dazu passt ein exotischer Fruchtsalat. Die Muffins schmecken auch am nächsten Tag noch sehr gut.

HONIG-DINKEL-MUFFINS

⏱ Zubereitungszeit: 20 Minuten, ohne Abkühlzeit
Backzeit: 25–28 Minuten

ZUTATEN FÜR 12 STÜCK

FÜR DEN ALL-IN-TEIG:

175 g Dinkelmehl (Type 630)
2 TL Backpulver, 1 Prise Salz
75 g abgezogene, gem. Mandeln
1 Pck. geriebene Zitronenschale
150–175 g milder, flüssiger Honig
2 Eier (Größe M)
100 g Butter oder Margarine (zimmerwarm)
150 g Joghurt (3,5 % Fett)
175 g abgetropfte Sauerkirschen (aus dem Glas)
75 g gestiftelte Mandeln

ZUM BESTÄUBEN:

etwas Puderzucker

ZUSÄTZLICH:

12 Muffin-Papierbackförmchen

PRO STÜCK:

E: 6 g, F: 16 g, Kh: 26 g, kcal: 273

1. Den Backofen vorheizen.
Ober-/Unterhitze: etwa 180 °C
Heißluft: etwa 160 °C

2. Für den Teig Mehl mit Backpulver, Salz, gemahlenen Mandeln und der Zitronenschale in einer Rührschüssel mischen. Honig, Eier, Butter oder Margarine und Joghurt hinzugeben. Die Zutaten mit einem Mixer (Rührstäbe) zunächst kurz auf niedrigster, dann auf höchster Stufe in etwa 2 Minuten zu einem glatten Teig verarbeiten. Die Kirschen und die Hälfte der gestiftelten Mandeln unterheben.

3. Den All-in-Teig in die Mulden einer Muffinform (für 12 Muffins, mit Papierbackförmchen ausgelegt) geben und glatt streichen. Die restlichen gestiftelten Mandeln darauf verteilen. Die Form auf dem Rost in den vorgeheizten Backofen schieben. Honig-Dinkel-Muffins **25–28 Minuten backen.**

4. Die Form auf einen Kuchenrost stellen. Die Muffins etwa 10 Minuten in der Form stehen lassen. Anschließend aus der Form lösen und auf dem Kuchenrost erkalten lassen. Die Muffins mit Puderzucker bestäubt servieren.

HÜTCHEN-MUFFINS

⏱ Zubereitungszeit: 35 Minuten, ohne Abkühlzeit
Backzeit: etwa 25 Minuten

ZUTATEN FÜR 12 STÜCK

FÜR DEN SCHÜTTELTEIG:

125 g Butter oder Margarine
200 g Weizenmehl, 2 gestr. TL Backpulver
125 g Puderzucker, 1 Pck. Bourbon-Vanille-Zucker
2 Eier (Größe M), 125 ml Milch (1,5 % Fett)

125 ml Orangensaft, 30 g Zucker

FÜR DIE FÜLLUNG:

400 g Schlagsahne (mind. 30 % Fett)
20 g Zucker, 2 Pck. Sahnesteif
20 g gesiebter Kakao zum Backen

etwas Puderzucker oder Kakao zum Backen

ZUSÄTZLICH:

12 Muffin-Papierbackförmchen

PRO STÜCK:

E: 4 g, F: 21 g, Kh: 32 g, kcal: 335

1. Den Backofen vorheizen.
Ober-/Unterhitze: etwa 180 °C
Heißluft: etwa 160 °C

2. Für den Teig Butter oder Margarine zerlassen und abkühlen lassen. Mehl mit Backpulver in eine verschließbare Schüssel (etwa 3 l) geben und mit Puderzucker und Vanille-Zucker mischen. Eier, flüssige Butter oder Margarine und Milch hinzufügen. Die Schüssel mit dem Deckel fest verschließen. Schüssel mehrmals (insgesamt 15–30 Sekunden) kräftig schütteln, sodass alle Zutaten gut vermischt sind.

3. Alles mit einem Schneebesen oder Rührlöffel nochmals sorgfältig durchrühren, damit trockene Zutaten vom Rand mit untergerührt werden.

4. Den Teig in den Mulden einer Muffinform (für 12 Muffins, mit Papierbackförmchen ausgelegt) verteilen. Die Form auf dem Rost in den vorgeheizten Backofen schieben. Die Muffins **etwa 25 Minuten backen.**

5. Die Form auf einen Kuchenrost stellen. Die Muffins etwa 5 Minuten in der Form abkühlen lassen. Anschließend aus der Form lösen und auf dem Kuchenrost erkalten lassen.

6. Orangensaft und Zucker in einem Topf unter Rühren zum Kochen bringen, bis der Zucker gelöst ist. Von den Muffins jeweils das Hütchen abschneiden. Die Muffins etwas aushöhlen und mit dem Orangensaft tränken. Die ausgehöhlten Kuchenbrösel fein zerbröseln.

7. Für die Füllung Sahne mit Zucker und Sahnesteif steif schlagen. Den Kakao und die Kuchenbrösel unterheben. Die Brösel-Sahne-Creme in einen Spritzbeutel mit großer Lochtülle geben und auf die Muffin-Unterteile spritzen. Die Hütchen nach Belieben mit dem restlichen Orangensaft tränken und leicht schräg auf die Brösel-Sahne-Creme legen. Die Muffins mit Puderzucker oder Kakao bestäuben.

IRISH-CREAM-CAKES

- Zubereitungszeit: 40 Minuten, ohne Kühlzeit
  Backzeit: etwa 30 Minuten
- Mit Alkohol

ZUTATEN FÜR 12 STÜCK

FÜR DEN TEIG:

100 g Zartbitter-Schokolade
  (etwa 50 % Kakaoanteil)
2 Eiweiß (Größe M), 1 Prise Salz
130 g Zucker
2 Eigelb (Größe M), 1 Ei (Größe M)
150 g Butter oder Margarine (zimmerwarm)
1 Pck. Vanillin-Zucker, 100 g Crème fraîche
170 g Weizenmehl, ½ TL Backpulver

FÜR DAS TOPPING:

350 g Mascarpone (ital. Frischkäse)
100 g Crème fraîche
60 g Puderzucker
1 Pck. Sahnesteif
70 ml Irish-Cream-Likör

ZUM GARNIEREN:

etwas Kakao zum Backen
75 g Schoko-Zebra-Röllchen

ZUSÄTZLICH:

12 Muffin-Papierbackförmchen

PRO STÜCK:

E: 6 g, F: 34 g, Kh: 38 g, kcal: 492

1. Für den Teig Schokolade in kleine Stücke brechen. Zwei Drittel davon in einem Topf im Wasserbad bei schwacher Hitze unter Rühren schmelzen. Topf aus dem Wasserbad nehmen und restliche Schokolade darin unter Rühren schmelzen. Schokolade lauwarm abkühlen lassen.

2. Inzwischen den Backofen vorheizen.
Ober-/Unterhitze: etwa 180 °C
Heißluft: etwa 160 °C

3. Eiweiß und Salz mit einem Mixer (Rührstäbe) auf höchster Stufe steif schlagen. Den Eischnee 3 Minuten weiterschlagen, dabei nach und nach die Hälfte von dem Zucker einrieseln lassen.

4. In einer anderen Schüssel Eigelb mit Ei, Butter oder Margarine, restlichem Zucker und Vanillin-Zucker schaumig rühren. Nacheinander die lauwarme Schokolade und die Crème fraîche unterrühren. Mehl mit Backpulver mischen und auf niedrigster Stufe kurz unterrühren. Den Eischnee ebenfalls kurz unterrühren.

5. Den Teig in die Mulden einer Muffinform (für 12 Muffins, mit Papierbackförmchen ausgelegt) geben und glatt streichen. Die Form auf dem Rost in den vorgeheizten Backofen schieben und die Cupcakes **etwa 30 Minuten backen.**

6. Die Form auf einen Kuchenrost stellen. Cupcakes etwa 5 Minuten in der Form abkühlen lassen. Anschließend aus der Form lösen und auf dem Kuchenrost erkalten lassen.

7. Für das Topping Mascarpone und Crème fraîche mit dem Mixer (Rührstäbe) kurz glatt rühren. Puderzucker mit Sahnesteif mischen. Die Mascarponemasse steif schlagen, dabei nach und nach die Puderzuckermischung einstreuen. Zuletzt den Likör kurz unterrühren. Creme in einen Spritzbeutel mit Lochtülle (Ø etwa 1 cm) füllen und in Streifen auf jeden Cupcake spritzen. Dafür zunächst dicht nebeneinander 3–4 Streifen Creme von links nach rechts aufspritzen. Dann darauf quer nochmals dicht nebeneinander 3–4 Streifen Creme aufspritzen.

8. Die Cupcakes etwa 15 Minuten in den Kühlschrank stellen.

9. Cupcakes vor dem Servieren mit Kakaopulver bestäuben und mit Zebra-Röllchen bestreuen.

JOHANNISBEER-BAISER-CUPCAKES

⏱ Zubereitungszeit: 40 Minuten
Backzeit: etwa 40 Minuten

ZUTATEN FÜR 12 STÜCK

ZUM VORBEREITEN:

350 g rote Johannisbeeren

FÜR DEN TEIG:

75 g Weizenmehl
75 g abgezogene, gem. Mandeln
2 gestr. TL Backpulver
60 g Zucker
1 Pck. Vanillin-Zucker
1 Prise Salz
2 Eier (Größe M)
3 EL Buttermilch
2 EL Speiseöl

FÜR DAS BAISER-TOPPING:

2 Eiweiß (Größe M)
80 g Zucker
30 g Speisestärke

ZUSÄTZLICH:

12 Muffin-Papierbackförmchen

PRO STÜCK:

E: 4 g, F: 6 g, Kh: 21 g, kcal: 157

---

1. Zum Vorbereiten Johannisbeeren kurz abspülen, abtropfen lassen und vorsichtig trocken tupfen. Die Beeren mithilfe einer Gabel von den Rispen streifen.

2. Den Backofen vorheizen.
Ober-/Unterhitze: etwa 180 °C
Heißluft: etwa 160 °C

3. Für den Teig Mehl mit Mandeln, Backpulver, Zucker, Vanillin-Zucker und Salz in einer Rührschüssel mit einem Schneebesen verrühren.

4. Eier mit Buttermilch und Speiseöl in einem Rührbecher mit dem Schneebesen verrühren. Die flüssigen Zutaten zu der Mehl-Mandel-Mischung in die Rührschüssel geben und zu einem glatten Teig verrühren.

5. Dann den Teig in die Mulden einer Muffinform (für 12 Muffins, mit Papierbackförmchen ausgelegt) geben und glatt streichen. Die Form auf dem Rost (unterste Schiene) in den vorgeheizten Backofen schieben. Die Cakes **etwa 10 Minuten vorbacken.**

6. Für das Topping Eiweiß mit dem Mixer (Rührstäbe) auf höchster Stufe steif schlagen. Der Schnee muss so fest sein, dass ein Messerschnitt sichtbar bleibt. Nach und nach den Zucker unterschlagen, dabei so lange schlagen, bis der Eischnee stark glänzt. Anschließend die Speisestärke darübersieben und vorsichtig unterrühren. Die Johannisbeeren vorsichtig unter den Eischnee heben.

7. Nach Ende der Vorbackzeit die Form auf einen Kuchenrost stellen. Die Eischneemasse sofort bergförmig auf die vorgebackenen Cakes häufen. Dann die Form wieder auf dem Rost (Mitte) in den heißen Backofen schieben. Die Johannisbeer-Baiser-Cupcakes **bei gleicher Backofentemperatur in etwa 30 Minuten fertig backen.**

8. Die Form auf einen Kuchenrost stellen. Die Cupcakes etwa 5 Minuten in der Form abkühlen lassen. Anschließend aus der Form lösen und auf dem Kuchenrost erkalten lassen.

TIPP:

Die Johannisbeeren können Sie durch die gleiche Menge Stachelbeeren ersetzen.

CUPCAKES & MUFFINS

JOHANNISBEER-STREUSEL-MUFFINS

⏱ Zubereitungszeit: 25 Minuten, ohne Abkühlzeit
Backzeit: etwa 25 Minuten

ZUTATEN FÜR 12 STÜCK

ZUM VORBEREITEN:

80 g weiße Schokolade
200 g rote Johannisbeeren

FÜR DIE STREUSEL:

100 g Weizenmehl
50 g Zucker
2 Pck. gehackte Pistazien (à 25 g)
50 g kalte Butter

FÜR DEN TEIG:

280 g Weizenmehl
2 ½ TL Backpulver
1 Prise Salz
90 g Zucker
1 Pck. Bourbon-Vanille-Zucker
1 Ei (Größe M)
60 ml neutrales Pflanzenöl,
 z. B. Sonnenblumen- oder Rapsöl
200 ml Buttermilch

ZUM VERZIEREN:

etwas Puderzucker
12 kleine Johannisbeer-Rispen

ZUSÄTZLICH:

12 Silikon-Backförmchen, z. B. in Tassenform

PRO STÜCK:

E: 6 g, F: 14 g, Kh: 44 g, kcal: 330

1. Zum Vorbereiten die Schokolade hacken. Die Johannisbeeren verlesen, kurz abspülen, von den Rispen streifen zupfen und vorsichtig trocken tupfen.

2. Den Backofen vorheizen.
Ober-/Unterhitze: etwa 180 °C
Heißluft: etwa 160 °C

3. Für die Streusel Mehl, Zucker, Pistazien und Butter in kleinen Stücken in einer Schüssel verkneten, bis der Streuselteig krümelig ist. Die Streusel zugedeckt kalt stellen.

4. Für den Teig Mehl mit Backpulver, Salz, Zucker und Vanille-Zucker in einer Schüssel mit einem Schneebesen verrühren. In einer zweiten Schüssel das Ei mit Pflanzenöl und Buttermilch verrühren. Die Mehlmischung in zwei Portionen mit einem Mixer (Rührstäbe) auf niedrigster Stufe unterrühren, sodass ein glatter Teig entsteht. Schokostücke und Johannisbeeren unter den Teig heben.

5. Dann den Teig in die Silikon-Backförmchen (gefettet) geben und glatt streichen. Die Streusel gleichmäßig auf den Muffins verteilen, leicht andrücken. Die Form auf dem Rost in den vorgeheizten Backofen schieben. Die Muffins **etwa 25 Minuten backen**.

6. Die Form auf einen Kuchenrost stellen. Die Muffins etwa 10 Minuten in der Form abkühlen lassen. Anschließend aus der Form lösen und auf einem Kuchenrost erkalten lassen.

7. Zum Verzieren die Muffins mit Puderzucker bestäuben und mit je 1 kleinen Johannisbeerrispe verzieren.

TIPP:

Sie können anstelle der Silikon-Backförmchen auch eine gefettete Muffinform für 12 Muffins verwenden.

KARAMELL-FLEUR-DE-SEL-CAKES

⏱ Zubereitungszeit: 40 Minuten, ohne Kühlzeit
Backzeit: 25–30 Minuten

ZUTATEN FÜR 12 STÜCK

ZUM VORBEREITEN:

100 g Zucker, 80 g Schlagsahne

FÜR DEN TEIG:

100 g Milchschokoladenpralinen mit Toffeefüllung
150 g Butter oder Margarine (zimmerwarm)
120 g Zucker
1 Prise Fleur de Sel
3 Eier (Größe M)
50 g saure Sahne
100 g Weizenmehl
20 g Kakao zum Backen
1 gestr. TL Backpulver

FÜR DAS TOPPING:

150 g Butter (zimmerwarm)
1 TL Fleur de Sel

ZUSÄTZLICH:

12 Muffin-Papierbackförmchen

PRO STÜCK:

E: 4 g, F: 28 g, Kh: 30 g, kcal: 386

1. Zum Vorbereiten den Zucker nach und nach in einen kleinen Edelstahltopf geben und bei mittlerer Hitze unter Rühren goldbraun karamellisieren lassen.

2. Anschließend die Sahne vorsichtig hinzugeben (Achtung: Es spritzt!). Die Zutaten zum Kochen bringen und so lange kochen lassen, bis sich der Zucker gelöst hat. Beiseitestellen, erkalten lassen.

3. Den Backofen vorheizen.
Ober-/Unterhitze: etwa 180 °C
Heißluft: etwa 160 °C

4. Für den Teig 12 Pralinen beiseitelegen. Die restlichen Pralinen fein schneiden und mit Butter oder Margarine, Zucker und Fleur de Sel in eine Rührschüssel geben. Die Zutaten mit einem Mixer (Rührstäbe) zunächst kurz auf niedrigster, dann auf höchster Stufe etwa 4 Minuten schaumig schlagen. Die Eier nach und nach unterrühren (jedes Ei etwa ½ Minute). Dann die saure Sahne hinzugeben und kurz unterrühren. Mehl mit Kakao und Backpulver mischen. Das Mehlgemisch auf die Eier-Fett-Masse geben und unterheben.

5. Den Teig in die Mulden einer Muffinform (für 12 Muffins, mit Papierbackförmchen ausgelegt) geben und glatt streichen. In jede Teigportion vorsichtig 1 Praline drücken.

6. Die Form auf dem Rost in den vorgeheizten Backofen schieben und die Cupcakes **25–30 Minuten backen**.

7. Die Form auf einen Kuchenrost stellen. Cupcakes etwa 5 Minuten in der Form abkühlen lassen. Anschließend aus der Form lösen und auf dem Kuchenrost erkalten lassen.

8. Für das Topping die Butter in einer kleinen Schüssel mit dem Mixer (Rührstäbe) schaumig aufschlagen. 2–3 Esslöffel von dem Sahnekaramell abnehmen und beiseitestellen. Den restlichen Karamell esslöffelweise unterrühren. Die Butterkaramellcreme mit einem Messer auf den Cupcakes verstreichen.

9. Die Cupcakes zugedeckt, sodass die Creme nicht zerdrückt wird, etwa 60 Minuten in den Kühlschrank stellen.

10. Die Karamell-Fleur-de-Sel-Cakes vor dem Servieren mit dem beiseitegestellten Karamell beträufeln und mit Fleur de Sel bestreuen.

VON A–Z

KARAMELL-MUFFINS

⏱ Zubereitungszeit: 40 Minuten, ohne Abkühlzeit
Backzeit: etwa 30 Minuten

ZUTATEN FÜR 12 STÜCK

FÜR DEN ALL-IN-TEIG:

200 g Weizenmehl
3 gestr. TL Backpulver
1 Pck. Pudding-Pulver Karamell-Geschmack
125 g Zucker, 1 Pck. Vanillin-Zucker
2 Eier (Größe M)
150 g Butter oder Margarine (zimmerwarm)
200 g Schlagsahne
3 Segmente von 1 Karamellriegel

ZUM GARNIEREN:

150 g Zucker

PRO STÜCK:

E: 4 g, F: 20 g, Kh: 44 g, kcal: 373

1. Den Backofen vorheizen.
Ober-/Unterhitze: etwa 180 °C
Heißluft: etwa 160 °C

2. Für den Teig Mehl mit Backpulver und Pudding-Pulver in einer Rührschüssel mischen. Die restlichen Zutaten hinzufügen und mit einem Mixer (Rührstäbe) zunächst kurz auf niedrigster, danach auf höchster Stufe in etwa 2 Minuten zu einem glatten Teig verarbeiten. Zuletzt die Karamellriegel in kleine Stückchen schneiden und unterrühren.

3. Den Teig in die Mulden einer Muffinform (für 12 Muffins, gefettet, bemehlt) geben und glatt streichen. Die Form auf dem Rost in den vorgeheizten Backofen schieben. Die Karamell-Muffins **etwa 30 Minuten backen.**

4. Die Form auf einen Kuchenrost stellen. Die Karamell-Muffins etwa 10 Minuten in der Form abkühlen lassen. Anschließend vorsichtig aus der Form lösen und auf dem mit Backpapier belegten Kuchenrost erkalten lassen.

5. Zum Garnieren Zucker in einem kleinen Edelstahltopf erhitzen, auflösen und leicht bräunen lassen. Den Topf sofort auf ein kaltes, feuchtes Küchentuch stellen und mit einer Gabel so lange rühren, bis die Masse zäh wird. Dann die Muffins mithilfe der Gabel damit einspinnen.

TIPPS:

Die Muffins erst kurz vor dem Servieren mit Karamellfäden einspinnen, da die Karamellfäden durch die Luftfeuchtigkeit sehr schnell weich werden. Wenn Ihnen das Einspinnen mit Karamellfäden zu aufwendig ist, können Sie die Muffins auch mit Schokoladen-Kuvertüre und weiteren Karamellriegel-Segmenten verzieren.

VON A–Z

KIRSCH-CAKE-MUFFINS

⏱ Zubereitungszeit: 35 Minuten, ohne Abkühlzeit
Backzeit: etwa 30 Minuten

ZUTATEN FÜR 12 STÜCK

ZUM VORBEREITEN:

300 g Jaffa Cakes Kirsch
175 g abgetropfte Sauerkirschen (aus dem Glas)

FÜR DEN RÜHRTEIG:

100 g Butter oder Margarine (zimmerwarm)
50 g Zucker, 1 Pck. Vanillin-Zucker
2 Eier (Größe M)
150 g Weizenmehl
1 gestr. TL Backpulver, ½ TL Natron
75 g Joghurt (0,1 % Fett)

FÜR DEN SIRUP:

150 ml Sauerkirschsaft (aus dem Glas)
15 g Zucker

ZUSÄTZLICH:

12 Muffin-Papierbackförmchen

PRO STÜCK:

E: 4 g, F: 11 g, Kh: 37 g, kcal: 260

1. Zum Vorbereiten von den Keksen 18 Stück beiseitelegen. Die restlichen Kekse mit einem Sägemesser in kleine Stücke schneiden.

2. Von den beiseitegelegten Keksen jeweils 1 Keks mit der Schokoladenseite nach oben in die Mulden einer Muffinform (für 12 Muffins, mit Papierbackförmchen ausgelegt) legen.

3. Den Backofen vorheizen.
Ober-/Unterhitze: etwa 180 °C
Heißluft: etwa 160 °C

4. Von den Sauerkirschen den Saft auffangen, 150 ml abmessen und für den Sirup beiseitestellen. Von den Kirschen 12 Stück zum Garnieren beiseitelegen.

5. Für den Teig Butter oder Margarine mit einem Mixer (Rührstäbe) auf höchster Stufe geschmeidig rühren. Nach und nach Zucker und Vanillin-Zucker unterrühren. So lange rühren, bis eine gebundene Masse entstanden ist. Die Eier nach und nach unterrühren (jedes Ei etwa ½ Minute). Mehl mit Backpulver und Natron mischen, auf mittlerer Stufe kurz unterrühren. Joghurt ebenfalls kurz unterrühren. Keksstücke und Sauerkirschen unterheben.

6. Den Teig gleichmäßig in den Muffinmulden verteilen. Form auf dem Rost in den vorgeheizten Backofen schieben. Die Muffins **etwa 30 Minuten backen**.

7. Die Form auf einen Kuchenrost stellen. Die Muffins etwa 5 Minuten in der Form abkühlen lassen. Anschließend aus der Form lösen und auf dem Kuchenrost erkalten lassen.

8. Für den Sirup abgemessenen Kirschsaft mit dem Zucker in einem kleinen Topf zum Kochen bringen und bei mittlerer Hitze etwa 15 Minuten zu einem Sirup einkochen. Die restlichen 6 beiseitegelegten Kekse halbieren. Die Muffins mit den beiseitegelegten Kirschen und den Kekshälften garnieren, mit dem Kirschsirup beträufeln. Sirup erkalten lassen.

KIRSCH-CRUMBLE-CAKES

⏱ Zubereitungszeit: 40 Minuten, ohne Abkühlzeit
Backzeit: etwa 30 Minuten

ZUTATEN FÜR 12 STÜCK

FÜR DIE STREUSEL:

220 g Dinkelmehl (Type 630), ½ TL gem. Zimt
1 Prise Salz, 1 Msp. Hirschhornsalz
100 g brauner Zucker
120 g Butter oder Margarine (zimmerwarm)

FÜR DIE FÜLLUNG:

350 g abgetropfte Sauerkirschen (aus dem Glas)
15 g Speisestärke, 20 g Zucker
300 ml Sauerkirschsaft (aus dem Glas)

FÜR DAS TOPPING:

250 g Magerquark, 15 g Puderzucker
100 g Schlagsahne (mind. 30 % Fett)

ZUSÄTZLICH:

12 Muffin-Papierbackförmchen

PRO STÜCK:

E: 6 g, F: 11 g, Kh: 34 g, kcal: 267

---

1. Den Backofen vorheizen.
Ober-/Unterhitze: etwa 180 °C
Heißluft: etwa 160 °C

2. Für die Streusel das Dinkelmehl mit Zimt, Salz und Hirschhornsalz in einer Rührschüssel mischen. Zucker und Butter oder Margarine hinzufügen. Die Zutaten mit einem Mixer (Knethaken) zunächst kurz auf niedrigster, dann auf höchster Stufe zu groben Streuseln verarbeiten.

3. Streusel in zwei gleich große Portionen teilen, eine Portion davon beiseitestellen. Von der anderen Portion je 1 Esslöffel in die Mulden einer Muffinform (für 12 Muffins, mit Papierbackförmchen ausgelegt) geben und grob andrücken. Die Form auf dem Rost in den vorgeheizten Backofen schieben. Die Streuselböden **etwa 12 Minuten goldbraun vorbacken.**

4. Für die Füllung in der Zwischenzeit von den Kirschen den Saft auffangen und 300 ml abmessen. Speisestärke mit Zucker und 4 Esslöffeln von dem Saft anrühren. Den restlichen Saft zum Kochen bringen. Die angerührte Speisestärke in den von der Kochstelle genommenen Saft einrühren und kurz aufkochen. Die Kirschen unterrühren. Von dem Kompott 12 Kirschen zum Garnieren beiseitelegen.

5. Das restliche Kompott gleichmäßig auf den Streuselböden verteilen. Die restlichen Streusel daraufgeben. Die Form wieder auf dem Rost in den heißen Backofen schieben. Die Cakes **bei gleicher Backofentemperatur in etwa 18 Minuten fertig backen.**

6. Die Form auf einen Kuchenrost stellen. Die Kirsch-Crumble-Cakes etwa 5 Minuten in der Form abkühlen lassen, aus der Form lösen und auf dem Kuchenrost erkalten lassen.

7. Für das Topping Quark mit Puderzucker glatt rühren. Die Sahne steif schlagen und unter die Quarkmasse heben. Kurz vor dem Servieren die Quarksahne mit einem Löffel gleichmäßig auf den Cupcakes verteilen und mit je 1 Kirsche garnieren.

KIRSCH-MANDEL-MUFFINS

⏱ Zubereitungszeit: 20 Minuten, ohne Abkühlzeit
Backzeit: etwa 25 Minuten

ZUTATEN FÜR 12 STÜCK

FÜR DEN TEIG:

170 g Weizenmehl
100 g abgezogene, gem. Mandeln
3 gestr. TL Backpulver
1 Prise Salz
120 g brauner Zucker
150 ml Milch (3,5 % Fett)
1 Ei (Größe M), 80 ml neutrales Speiseöl

350 g abgetropfte Sauerkirschen (aus dem Glas)

ZUM GARNIEREN:

etwa 80 g weiße Schokolade (12 kleine Stücke)

PRO STÜCK:

E: 5 g, F: 15 g, Kh: 31 g, kcal: 281

1. Den Backofen vorheizen.
Ober-/Unterhitze: etwa 180 °C
Heißluft: etwa 160 °C

2. Für den Teig das Mehl mit Mandeln, Backpulver, Salz und Zucker in einer Rührschüssel mit einem Schneebesen verrühren.

3. Milch, Ei und Speiseöl in einem Rührbecher mit dem Schneebesen verrühren. Die flüssigen Zutaten zu der Mehl-Mandel-Mischung in die Rührschüssel geben und zu einem glatten Teig verrühren.

4. Die Hälfte des Teiges in die Mulden einer Muffinform (für 12 Muffins, gefettet, bemehlt) geben. Die Hälfte der Sauerkirschen darauflegen. Restlichen Teig darauf verteilen und die restlichen Kirschen daraufgeben. Die Form auf dem Rost in den vorgeheizten Backofen schieben. Die Kirsch-Mandel-Muffins **etwa 25 Minuten backen**.

5. Die Form auf einen Kuchenrost stellen. Die Muffins etwa 5 Minuten in der Form abkühlen lassen. Die Schokolade in kleine Stücke hacken. Die Muffins aus der Form lösen, auf den Kuchenrost setzen und mit den Schokoladenstückchen belegen. Muffins auf dem Kuchenrost erkalten lassen.

TIPP:

Einen besonders feinen Mandelgeschmack erhalten die Muffins, wenn Sie einen Teil des neutralen Speiseöls durch Mandelöl ersetzen. Es ist in Reformhäusern oder Bioläden erhältlich.

KIRSCHMICHEL-MUFFINS

⏱ Zubereitungszeit: 30 Minuten,
ohne Einweich- und Abkühlzeit
Backzeit: 20–25 Minuten

ZUTATEN FÜR 12 STÜCK

ZUM VORBEREITEN:

5 Brötchen (Semmeln) vom Vortag (etwa 200 g)
500 ml Milch (1,5 % Fett)

FÜR DEN TEIG:

350 g abgetropfte Sauerkirschen (aus dem Glas)
4 Eiweiß (Größe M)
4 Eigelb (Größe M)
100 g Zucker
2 TL geriebene Zitronenschale

ZUM GARNIEREN:

250 ml Sauerkirschsaft (aus dem Glas)
1 Pck. ungezuckerter Tortenguss, klar
2 EL Zucker

ZUSÄTZLICH:

12 Muffin-Papierbackförmchen

PRO STÜCK:

E: 6 g, F: 3 g, Kh: 31 g, kcal: 181

1. Zum Vorbereiten die Brötchen in etwa 2 cm große Würfel schneiden und in eine Schüssel geben. Die Milch in einem Topf erwärmen und über die Brötchenwürfel gießen. Brötchenwürfel etwa 15 Minuten darin einweichen.

2. Den Backofen vorheizen.
Ober-/Unterhitze: etwa 180 °C
Heißluft: etwa 160 °C

3. Für den Teig von den Kirschen den Saft auffangen und zum Garnieren beiseitestellen. 12 Kirschen ebenfalls zum Garnieren beiseitelegen.

4. Eiweiß mit einem Mixer (Rührstäbe) auf höchster Stufe steif schlagen. In einer anderen Schüssel das Eigelb sowie Zucker und Zitronenschale mit dem Mixer (Rührstäbe) zunächst kurz auf niedrigster, dann auf höchster Stufe dick-schaumig schlagen.

5. Die eingeweichten Brötchenwürfel mit der eventuell restlichen Milch auf die Eigelbmasse geben und unterrühren. Zuerst die Kirschen und zuletzt den Eischnee vorsichtig unterheben.

6. Den Teig in die Mulden einer Muffinform (für 12 Muffins, mit Papierbackförmchen ausgelegt) geben. Die Form auf dem Rost in den vorgeheizten Backofen schieben und die Kirschmichel-Muffins **20–25 Minuten backen.**

7. Die Form auf einen Kuchenrost stellen. Die Kirschmichel-Muffins etwa 10 Minuten in der Form abkühlen lassen. Anschließend aus der Form lösen und auf dem Kuchenrost erkalten lassen.

8. Den Kirschsaft eventuell mit Wasser auf 250 ml auffüllen. Aus Kirschsaft, Tortengusspulver und Zucker einen Guss nach Packungsanleitung zubereiten. Die Kirschmichel-Muffins mit je 1 Kirsche belegen und mit dem Tortenguss übergießen. Den Guss trocknen lassen.

TIPP:

Die Kirschmichel-Muffins schmecken auch lauwarm sehr gut. Lassen Sie die Garnierung dann weg und servieren Sie die Törtchen als Dessert mit Vanillesauce.

VON A–Z

CUPCAKES & MUFFINS

KOKOS-CUPCAKES MIT ANANAS- BUTTERCREME

⏱ Zubereitungszeit: 30 Minuten, ohne Kühlzeit
Backzeit: etwa 50 Minuten
Trockenzeit: etwa 1 Stunde

ZUTATEN FÜR 12 STÜCK

FÜR DEN TEIG:

240 g Weizenmehl
2 gestr. TL Backpulver
1 Prise Salz, 80 g Zucker
2 Eier (Größe M)
80 ml neutrales Pflanzenöl,
   z. B. Sonnenblumen- oder Rapsöl
200 g Kokosjoghurt auf Sojabasis (0,1 % Fett)
50 g Kokosraspel

FÜR DAS TOPPING:

1 Ananas (etwa 1 kg)
100 g Butter (zimmerwarm)
80 g Ananas-Fruchtaufstrich
100 g Doppelrahm-Frischkäse

ZUSÄTZLICH:

12 Muffin-Papierbackförmchen

PRO STÜCK:

E: 5 g, F: 21 g, Kh: 27 g, kcal: 320

1. Den Backofen vorheizen.
Ober-/Unterhitze: etwa 180 °C
Heißluft: etwa 160 °C

2. Für den Teig Mehl mit Backpulver, Salz und Zucker in einer Schüssel mischen. Die Eier mit Öl und Kokosjoghurt verrühren. Mit einem Kochlöffel oder Schneebesen die Mehlmischung und die Kokosraspel in zwei Portionen unter die Joghurtmasse rühren und zu einem glatten Teig vermengen.

3. Dann den Teig in die Mulden einer Muffinform (für 12 Muffins, mit Papierbackförmchen ausgelegt) geben und glatt streichen. Die Form auf dem Rost in den vorgeheizten Backofen schieben. Die Cupcakes **etwa 25 Minuten backen**.

4. Die Form auf einen Kuchenrost stellen. Die Cupcakes etwa 10 Minuten in der Form abkühlen lassen. Anschließend aus der Form lösen und auf dem Kuchenrost erkalten lassen.

5. Den Backofen vorheizen.
Ober-/Unterhitze: etwa 150 °C
Heißluft: etwa 140 °C

6. Für das Topping die Ananas so schälen, dass auch die „Augen" vollständig entfernt werden. Von der Ananas mit einem scharfen Messer quer ca. 12 dünne Scheiben (jeweils etwa 20 g) abschneiden. Die übrige Ananas anderweitig verwenden. Die Ananasscheiben dicht an dicht auf ein mit Backpapier belegtes Backblech legen und im vorgeheizten Backofen **etwa 30 Minuten backen,** bis die Ränder sich goldgelb färben.

7. Die Ananasscheiben aus dem Ofen nehmen und jeweils so in die Mulden der Muffinform legen, dass die Wände und der Boden der Vertiefungen mit der Ananasscheibe ausgekleidet werden. Dabei leicht andrücken. Die Form auf dem Rost in den vorgeheizten Ofen schieben und bei 100 °C im Ofen etwa 1 Stunde trocknen lassen. Dann die Ananas-Blüten vorsichtig aus den Mulden herausheben und auskühlen lassen.

8. Für die Creme Butter und Fruchtaufstrich mit dem Mixer (Rührstäbe) cremig schlagen. Frischkäse nach und nach unterrühren. Creme in einen Spritzbeutel mit Lochtülle (Ø etwa 1,2 cm) füllen und auf die Muffins spritzen. Die Muffins mit je 1 Ananas-Blüte verzieren.

KOKOS-ORANGEN-MUFFINS

🕐 Zubereitungszeit: 30 Minuten, ohne Abkühlzeit
Backzeit: etwa 25 Minuten

ZUTATEN FÜR 12 STÜCK

FÜR DEN RÜHRTEIG:

60 g Butter oder Margarine (zimmerwarm)
125 g Zucker
1 TL Orangenschalen-Aroma
1 Prise Salz
2 Eier (Größe M)
200 ml „cremige" Kokosmilch (aus der Dose)
50 ml Milch (3,5 % Fett)
280 g Weizenmehl
2 gestr. TL Backpulver
50 g Orangeat (gewürfelt)

ZUM GARNIEREN:

4 EL Orangenmarmelade (etwa 120 g)
2 EL Ingwer-Sirup
4 EL Kokos-Chips (etwa 20 g)

ZUSÄTZLICH:

12 Muffin-Papierbackförmchen

PRO STÜCK:

E: 4 g, F: 10 g, Kh: 37 g, kcal: 260

1. Den Backofen vorheizen.
Ober-/Unterhitze: etwa 200 °C
Heißluft: etwa 180 °C

2. Für den Teig Butter oder Margarine mit Zucker, Aroma und Salz in eine Rührschüssel geben. Die Zutaten mit einem Mixer (Rührstäbe) zunächst kurz auf niedrigster, dann auf höchster Stufe etwa 5 Minuten schaumig schlagen.

3. Danach zuerst die Eier nach und nach unterrühren (jedes Ei etwa ½ Minute), dann die Kokosmilch und die Milch hinzugeben.

4. Mehl mit Backpulver und Orangeat mischen und in zwei Portionen auf mittlerer Stufe kurz unterrühren.

5. Den Rührteig in die Mulden einer Muffinform (für 12 Muffins, mit Papierbackförmchen ausgelegt) geben und glatt streichen. Die Form auf dem Rost in den vorgeheizten Backofen schieben. Die Muffins **etwa 25 Minuten backen.**

6. Die Form auf einen Kuchenrost stellen. Die Muffins etwa 10 Minuten in der Form abkühlen lassen. Anschließend aus der Form lösen und auf dem Kuchenrost erkalten lassen.

7. Zum Garnieren die Orangenmarmelade durch ein Sieb in eine kleine Kasserolle streichen und mit dem Ingwer-Sirup bei schwacher Hitze 3–4 Minuten einkochen lassen. Dann vom Herd nehmen.

8. Die Orangenmarmelade auf die Muffins streichen, mit den Kokos-Chips bestreuen und fest werden lassen.

CUPCAKES & MUFFINS

KORINTHEN-MANDEL-MUFFINS

⏱ Zubereitungszeit: 15 Minuten, ohne Abkühlzeit
Backzeit: etwa 25 Minuten

ZUTATEN FÜR 12 STÜCK

FÜR DEN TEIG:

120 g Weizenmehl
50 g zarte Haferflocken
100 g nicht abgezogene, gem. Mandeln
3 gestr. TL Backpulver
1 Prise Salz
100 g brauner Zucker
1 Pck. geriebene Zitronenschale
150 g saure Sahne
75 ml Wasser
1 Ei (Größe M)
100 ml Sonnenblumenöl
100 g Korinthen

ZUM BESTÄUBEN:

evtl. etwas Puderzucker

PRO STÜCK:

E: 4 g, F: 16 g, Kh: 25 g, kcal: 259

1. Den Backofen vorheizen.
Ober-/Unterhitze: etwa 180 °C
Heißluft: etwa 160 °C

2. Für den Teig das Mehl mit Haferflocken, Mandeln, Backpulver, Salz, Zucker und Zitronenschale in einer Rührschüssel mit einem Schneebesen verrühren.

3. Saure Sahne, Wasser, Ei und Speiseöl in einem Rührbecher mit dem Schneebesen glatt rühren. Die flüssigen Zutaten zu der Mehl-Mandel-Mischung in die Rührschüssel geben und zu einem glatten Teig verrühren. Korinthen unterheben.

4. Den Teig in die Mulden einer Muffinform (für 12 Muffins, gefettet, bemehlt) geben und glatt streichen.

5. Die Form auf dem Rost in den vorgeheizten Backofen schieben. Die Korinthen-Mandel-Muffins **etwa 25 Minuten backen.**

6. Die Form auf einen Kuchenrost stellen. Die Muffins etwa 5 Minuten in der Form abkühlen lassen. Anschließend vorsichtig aus der Form lösen und auf dem Kuchenrost erkalten lassen.

7. Die Korinthen-Mandel-Muffins nach Belieben mit Puderzucker bestäuben.

TIPP:

Anstelle der Korinthen können Sie auch 70 g getrocknete Sauerkirschen oder Cranberrys verwenden und fein geschnitten unter den Teig heben. Diese Trockenfrüchte haben, auch wenn sie gesüßt sind, einen säuerlichen Geschmack.

KÜRBISKERN-MUFFINS

🕐 Zubereitungszeit: 30 Minuten, ohne Kühlzeit
Backzeit: 25–30 Minuten

ZUTATEN FÜR 12 STÜCK

ZUM VORBEREITEN:

200 g Hokkaido-Kürbis
1 Bio-Orange (unbehandelt, ungewachst)
50 g Kürbiskerne

FÜR DEN TEIG:

150 g Weizenmehl (Type 550)
2 gestr. TL Backpulver
100 g Zucker
1 Pck. Vanillin-Zucker
1 TL gem. Ingwer
1 Prise Salz
1 Ei (Größe M)
75 ml neutrales Pflanzenöl,
    z. B. Sonnenblumen- oder Rapsöl
150 g Dickmilch (3,5 % Fett)

ZUM VERZIEREN:

200 g weiße Schokolade
75 g Kürbiskerne

ZUSÄTZLICH:

12 Muffin-Papierbackförmchen

PRO STÜCK:

E: 7 g, F: 17 g, Kh: 30 g, kcal: 310

1. Zum Vorbereiten den Kürbis abspülen, abtrocknen, Samen und Kerne entfernen und das Fruchtfleisch mit der Schale grob raspeln. Orange heiß waschen, abtrocknen und etwas von der Schale abreiben (etwa 1 Teelöffel). Die Orange halbieren und 2 Esslöffel Saft auspressen. Kürbiskerne im Blitzhacker fein hacken.

2. Den Backofen vorheizen.
Ober-/Unterhitze: etwa 180 °C
Heißluft: etwa 160 °C

3. Für den Teig Mehl, Backpulver, Zucker, gehackte Kürbiskerne, Vanillin-Zucker, Ingwer und Salz in einer Schüssel mischen. Kürbisraspel, Orangensaft und -schale, Ei, Öl und Dickmilch in einer Rührschüssel mit dem Mixer (Rührstäbe) glatt rühren. Mehlmischung in zwei Portionen dazugeben und kurz unterrühren.

4. Dann den Teig in die Mulden einer Muffinform (für 12 Muffins, mit Papierbackförmchen ausgelegt) geben und glatt streichen. Im vorgeheizten Backofen **25–30 Minuten backen.**

5. Die Form auf einen Kuchenrost stellen. Die Muffins etwa 10 Minuten in der Form abkühlen lassen. Anschließend aus der Form lösen und auf einem Kuchenrost erkalten lassen.

6. Die Muffins aus den Papierförmchen lösen. Zum Verzieren die Schokolade hacken und in einem kleinen Topf im Wasserbad bei schwacher Hitze unter Rühren schmelzen. Die Kürbiskerne grob hacken. Muffins mit der Unterseite erst in die Schokolade tauchen, dann in den grob gehackten Kürbiskernen wälzen. Muffins mit der übrigen Schokolade obendrauf verzieren und mit den restlichen Kürbiskernen vom Wälzen bestreuen. Trocknen lassen.

TIPP:

Die Muffins schmecken auch sehr gut mit 200 g grob geraspelten Möhren.

VON A–Z

K

LEBKUCHEN-MUFFINS MIT GEBRANNTEN MANDELN

⏱ Zubereitungszeit: 30 Minuten, ohne Abkühlzeit
Backzeit: etwa 25 Minuten

ZUTATEN FÜR 12 STÜCK

ZUM VORBEREITEN:

125 g Honig
125 g brauner Zucker
75 g Butter oder Margarine
3 EL Wasser
150 g gebrannte Mandeln

FÜR DEN TEIG:

250 g Weizenmehl
50 g gem. Mandeln
1 EL Kakao zum Backen
1 ½ TL Lebkuchengewürz
2 Eier (Größe M)

ZUM VERZIEREN UND GARNIEREN:

36 geschälte Mandelkerne
30 g rotes Johannisbeergelee
etwas Puderzucker

ZUSÄTZLICH:

12 Muffin-Papierbackförmchen

PRO STÜCK:

E: 7 g, F: 15 g, Kh: 41 g, kcal: 340

1. Zum Vorbereiten Honig mit Zucker und Butter oder Margarine und Wasser in einen Topf geben. Unter Rühren erhitzen, bis sich der Zucker aufgelöst hat. Vom Herd nehmen, in eine große Rührschüssel umfüllen und abkühlen lassen. Gebrannte Mandeln in einen Gefrierbeutel geben und mit einer Teigrolle grob zerstoßen.

2. Den Backofen vorheizen.
Ober-/Unterhitze: etwa 180 °C
Heißluft: etwa 160 °C

3. Für den Teig Mehl, gemahlene Mandeln, Kakaopulver und Lebkuchengewürz in einer Schüssel mischen. Eier und Mehlmischung im Wechsel in zwei Portionen zur Honigmischung geben. Die Zutaten mit dem Mixer (Knethaken) gründlich unterrühren. Gebrannte Mandeln zugeben und untermischen.

4. Den Teig in die Mulden einer Muffinform (für 12 Muffins, mit Papierbackförmchen ausgelegt) geben und glatt streichen.

5. Zum Verzieren je 3 Mandeln pro Teigportion obendrauf legen.

6. Die Form auf dem Rost in den vorgeheizten Backofen schieben. Die Muffins **etwa 25 Minuten backen.**

7. Die Form auf einen Kuchenrost stellen. Muffins etwa 10 Minuten in der Form abkühlen lassen. Anschließend aus der Form lösen und auf dem Kuchenrost erkalten lassen.

8. Zum Garnieren das Johannisbeergelee mit einer Gabel glatt rühren. Je einen kleinen Tupfer auf die Mitte der Muffins setzen. Etwa 1 Stunde trocknen lassen. Mit Puderzucker bestäuben.

LIME-CAKES

- Zubereitungszeit: 35 Minuten, ohne Abkühlzeit
  Backzeit: etwa 30 Minuten
- Mit Alkohol

ZUTATEN FÜR 12 STÜCK

FÜR DEN TEIG:

1 Bio-Limette (unbehandelt, ungewachst)
2 Eiweiß (Größe M), 1 Prise Salz
180 g brauner Zucker
1 Ei (Größe M), 2 Eigelb (Größe M)
180 g Butter oder Margarine (zimmerwarm)
3 EL Sonnenblumenöl
180 g Weizenmehl, 40 g Speisestärke
1 gestr. TL Backpulver
4 EL brauner Rum

FÜR DAS TOPPING:

50 ml Getränkesirup Zitrone-Limette
200 ml kaltes Wasser, 20 g Speisestärke
200 g Butter (zimmerwarm)
150 g Puderzucker
evtl. etwas grüne Speisefarbe
½ Bio-Limette (unbehandelt, ungewachst)
etwas feiner Zucker

ZUSÄTZLICH:

12 Muffin-Papierbackförmchen

PRO STÜCK:

E: 3 g, F: 31 g, Kh: 46 g, kcal: 486

1. Den Backofen vorheizen.
Ober-/Unterhitze: etwa 180 °C
Heißluft: etwa 160 °C

2. Für den Teig die Limette heiß abspülen und abtrocknen. Die Schale fein abreiben, die Limette beiseitelegen. Das Eiweiß mit dem Salz mit einem Mixer (Rührstäbe) auf höchster Stufe steif schlagen. Eischnee 3 Minuten weiterschlagen, dabei nach und nach zwei Drittel von dem braunen Zucker einrieseln lassen.

3. In einer anderen Schüssel Ei und Eigelb mit Butter oder Margarine, Sonnenblumenöl, Limettenschale und restlichem braunen Zucker schaumig rühren. Mehl mit Speisestärke und Backpulver mischen, abwechselnd mit dem Rum auf niedrigster Stufe kurz unterrühren. Eischnee in zwei Portionen kurz unterrühren.

4. Dann den Teig in die Mulden einer Muffinform (für 12 Muffins, mit Papierbackförmchen ausgelegt) geben und glatt streichen. Die Form auf dem Rost in den vorgeheizten Backofen schieben. Die Cupcakes **etwa 30 Minuten backen**.

5. Die Form auf einen Kuchenrost stellen. Cakes etwa 5 Minuten abkühlen lassen, aus der Form lösen und auf dem Kuchenrost erkalten lassen.

6. Für das Topping die beiseitegelegte Limette auspressen. 2 Esslöffel Limettensaft mit Getränkesirup, Wasser und Speisestärke in einem Topf verrühren und unter Rühren kurz aufkochen lassen. Den Topf von der Kochstelle nehmen. Frischhaltefolie direkt auf die heiße Puddingoberfläche legen. Den Pudding auf Zimmertemperatur abkühlen lassen.

7. Die Butter mit dem Puderzucker mit dem Mixer (Rührstäbe) schaumig schlagen. Den abgekühlten Pudding nach und nach unterrühren, dabei darauf achten, dass Butter und Pudding Zimmertemperatur haben, da die Creme sonst gerinnt. Die Creme nach Belieben mit etwas Speisefarbe grün einfärben und in einen Spritzbeutel mit Sterntülle (Ø 12–15 mm) füllen. Auf jeden Cupcake einen dicken Tupfen Creme spritzen.

8. Die halbe Limette heiß abspülen und abtrocknen. 3 gleichmäßige Scheiben abschneiden, diese vierteln, eventuell mit Küchenpapier abtupfen und dann in feinem Zucker wälzen. Die Cakes kurz vor dem Servieren damit garnieren.

LINZER MANDELTÖRTCHEN

⏲ Zubereitungszeit: 50 Minuten, ohne Auftau- und Abkühlzeit
Backzeit: etwa 35 Minuten
▲ Mit Alkohol

ZUTATEN FÜR 20 STÜCK

FÜR DEN TEIG:

200 g TK-Blätterteig
150 g Weizenmehl, 100 g Butter
50 g Zucker, 1 Pck. Vanillin-Zucker

FÜR DIE FÜLLUNG:

40 g Marzipan-Rohmasse
3 Eigelb (Größe M), 125 g Zucker
125 g Butter (zimmerwarm)
125 g Schlagsahne (mind. 30 % Fett)
½ Röhrchen Rum-Aroma
3 Tropfen Zitronen-Aroma
1 Pck. Bourbon-Vanille-Zucker
250 g Weizenmehl
2 gestr. TL Backpulver
3 Eiweiß (Größe M)
100 g abgezogene, gem. Mandeln

40 g gehobelte Mandeln

ZUM APRIKOTIEREN:

30 g Zucker, knapp 2 EL Wasser
50 g Aprikosenkonfitüre

FÜR DEN GUSS:

50 g Puderzucker, etwas Wasser

ZUM GARNIEREN:

20 Dekor-Rosen

ZUSÄTZLICH:

40 Muffin-Papierbackförmchen

PRO STÜCK:

E: 6 g, F: 20 g, Kh: 39 g, kcal: 360

1. Für den Teig den Blätterteig nach Packungsanleitung auftauen lassen.

2. Mehl in eine Rührschüssel geben. Butter, Zucker und Vanillin-Zucker hinzufügen. Die Zutaten mit einem Mixer (Knethaken) zunächst kurz auf niedrigster, dann auf höchster Stufe gut durcharbeiten. Anschließend auf einer leicht bemehlten Arbeitsfläche kurz zu einem Teig verkneten. Den Knetteig mit dem Blätterteig sorgfältig verkneten.

3. Den Teig auf der leicht bemehlten Arbeitsfläche dünn ausrollen. Aus dem Teig mit einer runden Ausstechform 20 Teigkreise (Ø etwa 10 cm) ausstechen. Die Teigkreise jeweils in die Mulden von 2 ineinandergestellten Muffin-Papierbackförmchen geben und gut andrücken.

4. Den Backofen vorheizen.
Ober-/Unterhitze: etwa 180 °C
Heißluft: etwa 160 °C

5. Für die Füllung Marzipan in hauchdünne Scheiben schneiden. Das Eigelb mit 40 g von dem Zucker sowie Butter und Marzipan mit einem Mixer (Rührstäbe) zunächst kurz auf niedrigster, dann auf höchster Stufe cremig schlagen. Die Hälfte der Sahne mit den Aromen und dem Vanille-Zucker hinzufügen, nochmals kurz schlagen. Mehl mit Backpulver mischen. Die Hälfte davon unterrühren.

6. Das Eiweiß mit restlichem Zucker steif schlagen. Restliche Sahne ebenfalls steif schlagen. Eischnee und Sahne auf die Eigelbmasse geben. Das restliche Mehlgemisch mit den Mandeln daraufgeben und alles vorsichtig unterheben. Die Füllung in die Muffinmulden geben, glatt streichen und mit gehobelten Mandeln bestreuen. Die Formen nacheinander (bei Heißluft zusammen) auf dem Rost in den vorgeheizten Backofen schieben. Die Mandeltörtchen **etwa 35 Minuten backen**.

7. Die Formen auf Kuchenroste stellen. Die Mandeltörtchen etwa 10 Minuten in den Formen

abkühlen lassen. Anschließend aus den Formen lösen und auf den Kuchenrosten erkalten lassen.

8. Zum Aprikotieren Zucker und Wasser unter Rühren in einem kleinen Topf erhitzen, bis der Zucker gelöst ist. Die Aprikosenkonfitüre durch ein Sieb dazustreichen, dann so lange unter Rühren kochen, bis die Masse anfängt dicklich zu werden. Die erkalteten Törtchen damit bestreichen.

9. Für den Guss Puderzucker mit Wasser zu einer dünnflüssigen Masse verrühren. Die Törtchen damit bestreichen und nach Belieben mit Röschen garnieren.

MACADAMIA-CHEESECAKES

⏱ Zubereitungszeit: 70 Minuten, ohne Abkühlzeit
Backzeit: etwa 40 Minuten

ZUTATEN FÜR 12 STÜCK

FÜR DEN TEIG:

3 Eiweiß (Größe M), 1 Prise Salz
150 g Zucker
3 Eigelb (Größe M)
100 g Butter oder Margarine (zimmerwarm)
200 g Doppelrahm-Frischkäse
1 Pck. Vanillin-Zucker
180 g Weizenmehl
2 gestr. TL Backpulver

FÜR DAS FUDGE:

100 g geröstete und gesalzene
    Macadamia-Nusskerne
120 g Zucker, 40 g Butter
70 g Schlagsahne

FÜR DAS TOPPING:

350 g Schlagsahne (mind. 30 % Fett)
1 gestr. EL Puderzucker
2 Pck. Sahnesteif
50 g Crème fraîche

ZUM GARNIEREN:

50 g Zartbitter-Schokolade

ZUSÄTZLICH:

12 Muffin-Papierbackförmchen

PRO STÜCK:

E: 7 g, F: 37 g, Kh: 39 g, kcal: 515

---

1. Den Backofen vorheizen.
Ober-/Unterhitze: etwa 160 °C
Heißluft: etwa 140 °C

2. Für den Teig Eiweiß und Salz in einer Rührschüssel mit einem Mixer (Rührstäbe) auf höchster Stufe steif schlagen. Eischnee 3 Minuten weiterschlagen, dabei nach und nach die Hälfte des Zuckers einrieseln lassen.

3. In einer anderen Schüssel Eigelb mit Butter oder Margarine, Frischkäse, restlichem Zucker und Vanillin-Zucker schaumig rühren. Mehl mit Backpulver mischen, kurz unterrühren. Eischnee in zwei Portionen auf niedrigster Stufe kurz unterrühren.

4. Dann den Teig in die Mulden einer Muffinform (für 12 Muffins, mit Papierbackförmchen ausgelegt) geben und glatt streichen.

5. Die Form auf dem Rost in den vorgeheizten Backofen schieben und die Cupcakes **etwa 40 Minuten backen.**

6. Die Form auf einen Kuchenrost stellen. Cupcakes etwa 5 Minuten in der Form abkühlen lassen. Anschließend aus der Form lösen und auf dem Kuchenrost erkalten lassen.

7. Für das Fudge inzwischen einen großen Teller mit Backpapier belegen. Die Macadamia-Nusskerne fein hacken. Zucker mit Butter und Sahne in einem Edelstahltopf langsam erhitzen, bis der Zucker geschmolzen ist. Die Masse aufkochen lassen, dann weiterkochen, bis die Masse beginnt hellbraun zu werden. Dabei die Zuckermasse immer wieder mit einem hitzebeständigen Pfannenwender vom Topfboden lösen.

8. Ist die Zuckermasse hellbraun, den Topf sofort von der Kochstelle nehmen, gehackte Nüsse in den Topf geben und weiterrühren, bis alles gut gemischt ist. Dabei verändert sich die Konsistenz der Masse, sie wird trübe und am Rand etwas krümelig.

9. Die Masse auf dem vorbereiteten Teller glatt streichen und erkalten lassen. Fudge erst in Stücke brechen, dann mit den Händen zerbröseln.

10. Für das Topping die Sahne kurz aufschlagen. Den Puderzucker mit Sahnesteif mischen, nach und nach einstreuen, dabei die Sahne steif schlagen. Crème fraîche kurz unterrühren und zwei Drittel der Fudge-Brösel unterheben.

11. Das Topping auf den Cupcakes verteilen und mit einem Messer turmförmig aufstreichen, die Spitze flach streichen und mit restlichem Fudge bestreuen. Fudge leicht andrücken.

12. Zum Garnieren die Schokolade in kleine Stücke brechen und im Wasserbad bei schwacher Hitze unter Rühren schmelzen.

13. Schokolade in einen kleinen Gefrierbeutel füllen und eine kleine Ecke abschneiden. Die Cupcakes mit der Schokolade besprenkeln.

14. Cupcakes etwa 15 Minuten in den Kühlschrank stellen.

CUPCAKES & MUFFINS

MANDARINEN-VANILLE-MUFFINS

⏱ Zubereitungszeit: 25 Minuten, ohne Abkühlzeit
Backzeit: etwa 25 Minuten

ZUTATEN FÜR 12 STÜCK

FÜR DEN TEIG:

170 g Weizenmehl
1 Pck. Pudding-Pulver Bourbon-Vanille-Geschmack
3 gestr. TL Backpulver
1 Prise Salz
120 g Zucker
150 ml Milch (3,5 % Fett)
80 ml Sonnenblumenöl
1 Ei (Größe M)
350 g abgetropfte Mandarinen (aus der Dose)

PRO STÜCK:

E: 3 g, F: 9 g, Kh: 29 g, kcal: 206

1. Den Backofen vorheizen.
Ober-/Unterhitze: etwa 180 °C
Heißluft: etwa 160 °C

2. Für den Teig Mehl, Pudding-Pulver, Backpulver, Salz und Zucker in einer Rührschüssel mit einem Schneebesen verrühren.

3. Milch, Speiseöl und Ei in einem Rührbecher mit dem Schneebesen verrühren. Die flüssigen Zutaten zu der Mehl-Pudding-Pulver-Mischung in die Rührschüssel geben und zu einem glatten Teig verrühren. Die Hälfte der Mandarinen unterheben.

4. Den Teig in eine Muffinform (für 12 Muffins, gefettet, bemehlt) geben und mit den restlichen Mandarinen belegen.

5. Die Form auf dem Rost in den vorgeheizten Backofen schieben. Muffins **etwa 25 Minuten backen.**

6. Die Form auf einen Kuchenrost stellen. Muffins etwa 5 Minuten in der Form abkühlen lassen, dann aus der Form lösen und auf dem Kuchenrost erkalten lassen.

TIPPS:

Sehr große Mandarinenstücke halbieren.
Die Muffins glänzen, wenn sie mit Aprikosenkonfitüre bestrichen werden. Dafür 80 g Aprikosenkonfitüre pürieren oder durch ein Sieb streichen, mit 1 Esslöffel Wasser verrühren und aufkochen lassen. Die heißen Muffins damit bestreichen und erkalten lassen.

MANGO-KOKOS-MUFFINS

Zubereitungszeit: 30 Minuten, ohne Abkühlzeit
Backzeit: 20–25 Minuten

ZUTATEN FÜR 12 STÜCK

ZUM VORBEREITEN:

200 g reife Mango (ohne Stein)

FÜR DEN RÜHRTEIG:

200 g Weizenmehl
1 Pck. geriebene Zitronenschale
2 gestr. TL Backpulver
125 g brauner Zucker
100 g abgezogene, gem. Mandeln
50 g Kokosraspel
2 Eier (Größe M)
150 g Joghurt (3,5 % Fett)
80 ml neutrales Pflanzenöl,
  z. B. Sonnenblumen- oder Distelöl

ZUM GARNIEREN:

50 g weiße Schokolade
6 Kugeln Kokoskonfekt

ZUSÄTZLICH:

12 Muffin-Papierbackförmchen

PRO STÜCK:

E: 6 g, F: 19 g, Kh: 30 g, kcal: 320

1. Zum Vorbereiten die Mango schälen und in kleine Würfel schneiden.

2. Den Backofen vorheizen.
Ober-/Unterhitze: etwa 180 °C
Heißluft: etwa 160 °C

3. Für den Teig Mehl mit Zitronenschale, Backpulver, Zucker, Mandeln und Kokosraspeln in einer Rührschüssel mit einem Schneebesen verrühren.

4. Eier mit Joghurt und Öl in einer anderen Schüssel mit einem Schneebesen gründlich verrühren. Die flüssigen Zutaten zu der Mehl-Mandel-Mischung in die Rührschüssel geben und zu einem glatten Teig verrühren. Die Mangowürfel vorsichtig unter den Teig heben.

5. Den Teig in die Mulden einer Muffinform (für 12 Muffins, mit Papierbackförmchen ausgelegt) geben und glatt streichen. Die Form auf dem Rost in den vorgeheizten Backofen schieben und die Mango-Kokos-Muffins **20–25 Minuten backen.**

6. Die Form auf einen Kuchenrost stellen. Die Muffins etwa 5 Minuten in der Form abkühlen lassen. Anschließend aus der Form lösen und auf dem Kuchenrost erkalten lassen.

7. Zum Garnieren die Schokolade hacken und in einem kleinen Topf im Wasserbad bei schwacher Hitze unter Rühren schmelzen. Kokoskonfekt halbieren. Die Schokolade auf die Mitte der Muffins geben und mit je ½ Kokoskugel belegen. Trocknen lassen.

TIPP:

Den Teig für die Muffins zusätzlich mit 2–3 Tropfen Rum-Aroma aromatisieren.

VON A–Z

CUPCAKES & MUFFINS

MANGO-MARACUJA-MUFFINS

⏱ Zubereitungszeit: 25 Minuten, ohne Abkühlzeit
Backzeit: etwa 25 Minuten

ZUTATEN FÜR 12 STÜCK

FÜR DEN TEIG:

1 reife Mango
200 g Weizenmehl
30 g Speisestärke
3 gestr. TL Backpulver
1 Prise Salz
120 g Zucker
150 ml Mango-Maracuja-Nektar
80 ml Speiseöl
1 Ei (Größe M)

FÜR DEN GUSS:

150 g Puderzucker
1 EL Mango-Maracuja-Nektar
2–3 TL Zitronensaft
1 EL klein gehackte Pistazienkerne

ZUSÄTZLICH:

12 Muffin-Papierbackförmchen

PRO STÜCK:

E: 3 g, F: 9 g, Kh: 41 g, kcal: 256

1. Den Backofen vorheizen.
Ober-/Unterhitze: etwa 180 °C
Heißluft: etwa 160 °C

2. Für den Teig Mango halbieren. Das Fruchtfleisch vom Stein schneiden und schälen. Die Mango zuerst in breite Streifen schneiden, dann in etwa ½ cm große Würfel schneiden (ergibt etwa 200 g).

3. Mehl mit Speisestärke, Backpulver, Salz und Zucker in einer Rührschüssel mit einem Schneebesen verrühren. Nektar, Speiseöl und Ei in einem Rührbecher mit dem Schneebesen verrühren.

4. Die flüssigen Zutaten zu der Mehlmischung in die Rührschüssel geben und zu einem glatten Teig verrühren. Mangowürfel unterheben.

5. Den Teig in die Mulden einer Muffinform (für 12 Muffins, mit Papierbackförmchen ausgelegt) geben und glatt streichen. Die Form auf dem Rost in den vorgeheizten Backofen schieben. Mango-Maracuja-Muffins **etwa 25 Minuten backen.**

6. Die Form auf einen Kuchenrost stellen. Mango-Maracuja-Muffins etwa 5 Minuten in der Form abkühlen lassen. Anschließend aus der Form lösen und auf dem Kuchenrost erkalten lassen.

7. Für den Guss Puderzucker mit Nektar und Zitronensaft zu einer dickflüssigen Masse verrühren, mit einem Teelöffel auf die Muffins streichen und sofort mit Pistazienkernen bestreuen. Guss trocknen lassen.

TIPPS:

Wenn Sie keine frische Mango bekommen, können Sie auch 200 g abgetropfte Mangoscheiben (aus der Dose) verwenden. Als Alternative eignen sich auch 200 g abgetropfte, klein geschnittene Ananasstücke (aus der Dose).

MARIENKÄFER-MUFFINS

⏱ Zubereitungszeit: 50 Minuten, ohne Abkühlzeit
Backzeit: etwa 30 Minuten

ZUTATEN FÜR 12 STÜCK

FÜR DEN RÜHRTEIG:

180 g Butter oder Margarine (zimmerwarm)
180 g Zucker
1 Pck. Vanillin-Zucker
1 Pck. geriebene Zitronenschale
3 Eier (Größe M)
150 ml Multivitaminsaft
375 g Weizenmehl
3 gestr. TL Backpulver

FÜR DEN GUSS:

50 g Puderzucker
3 TL Wasser
etwas rote Speisefarbe
braune Zuckerschrift

FÜR DIE FÜLLUNG:

1 Pck. Backfeste Puddingcreme
125 g kalte Schlagsahne (mind. 30 % Fett)
125 ml Multivitaminsaft

ZUM GARNIEREN:

12 Schokogebäckstangen

PRO STÜCK:

E: 5 g, F: 19 g, Kh: 52 g, kcal: 401

1. Den Backofen vorheizen.
Ober-/Unterhitze: etwa 180 °C
Heißluft: etwa 160 °C

2. Für den Teig die Butter oder Margarine mit einem Mixer (Rührstäbe) auf höchster Stufe geschmeidig rühren.

3. Nach und nach Zucker, Vanillin-Zucker und Zitronenschale unterrühren. So lange rühren, bis eine gebundene Masse entstanden ist.

4. Eier nach und nach unterrühren (jedes Ei etwa ½ Minute). Anschließend den Multivitaminsaft unterrühren. Mehl mit Backpulver mischen und in zwei Portionen auf mittlerer Stufe kurz unterrühren.

5. Den Teig in die Mulden einer Muffinform (für 12 Muffins, gefettet, bemehlt) geben und glatt streichen. Die Form auf dem Rost (unteres Drittel) in den vorgeheizten Backofen schieben. Die Muffins **etwa 30 Minuten backen**.

6. Die Form auf einen Kuchenrost stellen. Muffins etwa 5 Minuten in der Form abkühlen lassen. Anschließend aus der Form lösen und auf dem Kuchenrost erkalten lassen.

7. Von jedem Muffin waagerecht einen dicken Deckel abschneiden. Dann den Deckel so in 2 Teile schneiden, dass ein Teil größer ist als der andere.

8. Für den Guss Puderzucker mit Wasser zu einem dickflüssigen Guss verrühren. Den Guss mit roter Speisefarbe einfärben und den größeren Teil des Deckels mithilfe eines Messers mit dem roten Guss bestreichen.

9. Mit der braunen Zuckerschrift Punkte auf den Guss und auf den kleineren Teil des Deckels ein Gesicht malen.

10. Den mit Guss bestrichenen Deckel in der Mitte noch einmal durchschneiden, sodass „Flügel" entstehen.

11. Für die Füllung Puddingcreme nach Packungsanleitung – aber nur mit 125 g Sahne und 125 ml Multivitaminsaft – zubereiten.

12. Die Creme sofort in einen Gefrierbeutel füllen. Den Beutel fest verschließen, eine Ecke abschneiden und die Creme gleichmäßig auf die

Unterteile der Muffins spritzen. Anschließend das „Gesicht" und die „Flügel" auf die Creme setzen.

13. Die Gebäckstangen in etwa 5 cm lange Stücke teilen und pro Käfer jeweils 2 Stücke als „Fühler" in die Creme stecken.

CUPCAKES & MUFFINS

MARONEN-ORANGEN-KROKANT-CUPCAKES

⏱ Zubereitungszeit: 30 Minuten, ohne Kühlzeit
Backzeit: etwa 25 Minuten

ZUTATEN FÜR 12 STÜCK

FÜR DEN TEIG:

2 Eiweiß (Größe M)
1 Prise Salz
50 g Zucker
2 Eigelb (Größe M)
150 g süße Maronencreme (aus dem Glas)
1 Pck. Orangenschalen-Aroma
150 g Joghurt (3,5 % Fett)
60 ml Walnussöl
200 g Weizenmehl (Type 550)
2 gestr. TL Backpulver
70 g Haselnusskrokant

FÜR DAS TOPPING:

2 TL Butter
2 TL Honig
12 gegarte, geschälte Maronen (vakuumverpackt)
250 g Schlagsahne (min. 30 % Fett)

ZUM BESTREUEN:

etwas Haselnusskrokant

ZUSÄTZLICH:

12 Muffin-Papierbackförmchen

PRO STÜCK:

E: 2 g, F: 2 g, Kh: 29 g, kcal: 270

1. Den Backofen vorheizen.
Ober-/Unterhitze: etwa 180 °C
Heißluft: etwa 160 °C

2. Für den Teig Eiweiß mit Salz mit einem Mixer (Rührstäbe) auf höchster Stufe steif schlagen. Eischnee etwa 3 Minuten weiterschlagen, dabei nach und nach den Zucker einrieseln lassen.

3. In einer anderen Schüssel Eigelb mit Maronencreme, Aroma, Joghurt und Walnussöl mit dem Mixer (Rührstäbe) glatt rühren. Mehl mit Backpulver mischen, abwechselnd mit 50 g Krokant auf niedrigster Stufe rasch unterrühren. Eischnee in zwei Portionen kurz unterrühren.

4. Dann den Teig in die Mulden einer Muffinform (für 12 Muffins, mit Papierbackförmchen ausgelegt) geben und glatt streichen. Mit dem übrigen Krokant bestreuen.

5. Die Form auf dem Rost in den vorgeheizten Backofen schieben. Die Cupcakes **etwa 25 Minuten backen**.

6. Die Form auf einen Kuchenrost stellen. Die Cupcakes etwa 5 Minuten in der Form abkühlen lassen. Anschließend aus der Form lösen und auf dem Kuchenrost erkalten lassen.

7. Für das Topping Butter in einer Pfanne zerlassen, Honig zufügen. Die Maronen in die Pfanne geben und in der Honig-Butter wenden, bis sie rundum glänzen. Vom Herd nehmen und abkühlen lassen.

8. Sahne steif schlagen. In einen Spritzbeutel mit mittlerer Lochtülle füllen. Jeweils einen Ring auf die Muffins spitzen und mit etwas Krokant bestreuen. Danach jeweils eine glasierte Esskastanie in die Mitte setzen.

MARSHMALLOW-RHABARBER-CAKES

⏱ Zubereitungszeit: 35 Minuten,
ohne Saftzieh- und Abkühlzeit
Backzeit: etwa 30 Minuten

ZUTATEN FÜR 12 STÜCK

ZUM VORBEREITEN:

500 g Rhabarber, in 1 cm langen Stücken
60 g Zucker

FÜR DEN RÜHRTEIG:

200 g Butter oder Margarine (zimmerwarm)
180 g Zucker, 1 Prise Salz
3 Eier (Größe M), 150 g Weizenmehl
1 Pck. Pudding-Pulver Vanille-Geschmack
2 gestr. TL Backpulver
75 g saure Sahne

FÜR DAS TOPPING:

etwas Wasser
1 Pck. ungezuckerter Tortenguss, rot
2 EL Zucker
170 g Butter (zimmerwarm)
100 g Puderzucker
75 g weiße Mini-Marshmallows

ZUSÄTZLICH:

12 Muffin-Papierbackförmchen

PRO STÜCK:

E: 4 g, F: 28 g, Kh: 49 g, kcal: 465

---

1. Zum Vorbereiten Rhabarberstücke und Zucker in einem Topf mischen und etwa 15 Minuten Saft ziehen lassen.

2. Rhabarber bei mittlerer Hitze aufkochen lassen, dann zugedeckt etwa 5 Minuten bei schwacher Hitze dünsten, dabei gelegentlich umrühren. Anschließend Rhabarber auf einem Sieb mindestens 60 Minuten abkühlen und abtropfen lassen, dabei den Saft auffangen.

3. Den Backofen vorheizen.
Ober-/Unterhitze: etwa 180 °C
Heißluft: etwa 160 °C

4. Für den Teig Butter oder Margarine mit einem Mixer (Rührstäbe) auf höchster Stufe geschmeidig rühren. Nach und nach Zucker und Salz unterrühren. So lange rühren, bis eine gebundene Masse entstanden ist. Eier nach und nach unterrühren (jedes Ei etwa ½ Minute). Mehl mit Pudding-Pulver und Backpulver mischen und in zwei Portionen abwechselnd mit der sauren Sahne unterrühren.

5. Den Rührteig in die Mulden einer Muffinform (für 12 Muffins, mit Papierbackförmchen ausgelegt) geben und glatt streichen. Die Form auf dem Rost in den vorgeheizten Backofen schieben. Die Cakes **etwa 30 Minuten backen**.

6. Die Form auf einen Kuchenrost stellen. Cakes etwa 5 Minuten abkühlen lassen, aus der Form lösen und auf dem Kuchenrost erkalten lassen.

7. Für das Topping den kalten Rhabarbersaft (etwa 100 ml) mit Wasser auf 150 ml Flüssigkeit auffüllen. Tortengusspulver mit Zucker in einem kleinen Topf mischen. Die abgemessene Flüssigkeit nach und nach unterrühren. Die Flüssigkeit unter Rühren zum Kochen bringen und kurz aufkochen lassen. Den Topf von der Kochstelle nehmen, den abgetropften Rhabarber unterrühren. Die Rhabarbermasse erkalten lassen.

8. Die Butter mit dem Mixer (Rührstäbe) schaumig rühren. Puderzucker in 2 Portionen dazugeben. Die Masse zu einer Creme aufschlagen. Die Rhabarbermasse esslöffelweise unterrühren.

9. Die Creme auf den Cupcakes verteilen und mit einem Messer kuppelförmig verstreichen. Je Cupcake 7–10 Mini-Marshmallows tief in die Creme drücken.

CUPCAKES & MUFFINS

MARZIPANKARTOFFEL-MUFFINS

⏱ Zubereitungszeit: 20 Minuten, ohne Abkühlzeit
Backzeit: etwa 25 Minuten

ZUTATEN FÜR 12 STÜCK

ZUM VORBEREITEN:

250 ml Milch (3,5 % Fett)
80 g Nuss-Nougat

FÜR DEN RÜHRTEIG:

250 g Weizenmehl (Type 550)
50 g gem. Haselnusskerne
2 ½ TL Backpulver
½ TL Natron
1 Ei (Größe M)
6 EL neutrales Pflanzenöl,
   z. B. Raps- oder Sonnenblumenöl
12 Marzipankartoffeln

ZUM GARNIEREN:

125 g Vollmilch-Kuchenglasur
6 Marzipankartoffeln

ZUSÄTZLICH:

12 Muffin-Papierbackförmchen

PRO STÜCK:

E: 6 g, F: 18 g, Kh: 33 g, kcal: 320

1. Zum Vorbereiten die Milch erhitzen. Nougat in kleine Stücke schneiden und unter Rühren in der heißen Milch auflösen. Nougatmilch abkühlen lassen.

2. Den Backofen vorheizen.
Ober-/Unterhitze: etwa 180 °C
Heißluft: etwa 170 °C

3. Für den Rührteig Mehl mit Haselnüssen, Backpulver und Natron in einer Schüssel mischen. Ei, Öl und Nougatmilch hinzugeben. Die Zutaten mit einem Mixer (Rührstäbe) zunächst kurz auf niedrigster, dann auf höchster Stufe in etwa 2 Minuten zu einem glatten Teig verarbeiten.

4. Den Teig in die Mulden einer Muffinform (für 12 Muffins, mit Papierbackförmchen ausgelegt) füllen. In jede Teigportion 1 Marzipankartoffel drücken, den Teig darüber schließen und glatt streichen. Die Form auf dem Rost in den vorgeheizten Backofen schieben. Die Muffins **etwa 25 Minuten backen**.

5. Die Form auf einen Kuchenrost stellen. Die Muffins etwa 10 Minuten in der Form abkühlen lassen. Anschließend aus der Form lösen und auf dem Kuchenrost erkalten lassen.

6. Zum Garnieren die Kuchenglasur nach Packungsangabe im Wasserbad schmelzen lassen. Dann die Glasur auf den Muffins verteilen. Marzipankartoffeln halbieren und jeweils 1 Hälfte auf die Glasur legen. Trocknen lassen.

TIPP:

Die Muffins schmecken genauso gut mit Mandeln. Verwenden Sie dafür anstelle der gemahlenen Haselnusskerne die gleiche Menge an gemahlenen Mandeln.

CUPCAKES & MUFFINS

MINI-CUPCAKES MIT GRIESSPUDDING

⏱ Zubereitungszeit: 40 Minuten, ohne Kühlzeit
Backzeit: etwa 20 Minuten

ZUTATEN FÜR 24 STÜCK

FÜR DEN TEIG:

150 g Butter oder Margarine (zimmerwarm)
80 g Zucker, 3 EL flüssiger Honig, 1 Prise Salz
3 Eier (Größe M)
80 g Vanillejoghurt
100 g Weizenmehl, 100 g Weichweizengrieß
1 gestr. TL Backpulver

FÜR DAS TOPPING:

220 ml Milch (1,5 % Fett)
½ Pck. Grießbrei Vanille-Geschmack (45 g)
25 g Butter
12 Erdbeeren

ZUSÄTZLICH:

24 Mini-Muffin-Papierbackförmchen

PRO STÜCK:

E: 2 g, F: 7 g, Kh: 14 g, kcal: 128

---

1. Den Backofen vorheizen.
Ober-/Unterhitze: etwa 180 °C
Heißluft: etwa 160 °C

2. Für den Teig Butter oder Margarine mit Zucker, Honig und Salz in eine Rührschüssel geben. Die Zutaten mit einem Mixer (Rührstäbe) zunächst kurz auf niedrigster, dann auf höchster Stufe etwa 4 Minuten schaumig schlagen.

3. Die Eier nach und nach unterrühren (jedes Ei etwa ½ Minute), dann Vanillejoghurt kurz unterrühren. Mehl mit Grieß und Backpulver gut vermischen, in 2 Portionen kurz unterrühren.

4. Den Teig in die Mulden einer Muffinform (für 24 Mini-Muffins, mit Papierbackförmchen ausgelegt) geben und glatt streichen. Die Form auf dem Rost in den vorgeheizten Backofen schieben. Die Cupcakes **etwa 20 Minuten backen**.

5. Die Form auf einen Kuchenrost stellen. Cupcakes etwa 5 Minuten in der Form abkühlen lassen. Anschließend aus der Form lösen und auf dem Kuchenrost erkalten lassen.

6. Für das Topping aus Milch und Grießbrei nach Packungsanleitung – aber mit den hier angegebenen Mengen – einen Grießbrei kochen. Den Grießbrei etwas abkühlen lassen.

7. Die Butter in kleine Stücke schneiden und so lange unter den Grießbrei rühren, bis keine Butterstücke mehr zu sehen sind.

8. Den Grießbrei zugedeckt etwa 15 Minuten in den Kühlschrank stellen.

9. Den Grießbrei in einen Spritzbeutel mit runder Lochtülle (Ø etwa 1 cm) füllen. Auf jeden Cupcake einen Tupfen Grießbrei spritzen. Die Erdbeeren abspülen, trocken tupfen und mit dem Grün halbieren. Jeden Cupcake mit 1 Erdbeerhälfte garnieren.

TIPP:

Der Teig lässt sich leichter in den kleinen Mulden verteilen, wenn Sie ihn in einen Gefrierbeutel füllen, eine Ecke davon abschneiden und den Teig in die Muffinmulden spritzen.

MINI-CUPCAKES „MOHN-INGWER"

⏱ Zubereitungszeit: 45 Minuten, ohne Abkühlzeit
Backzeit: etwa 20 Minuten

ZUTATEN FÜR 24 STÜCK

ZUM VORBEREITEN:

160 ml Kokosmilch
30 g ungem. Mohnsamen
1 EL Kokosraspel

FÜR DEN ALL-IN-TEIG:

100 g Weizenmehl, 1 ½ gestr. TL Backpulver
80 g Zucker, 1 Pck. Vanillin-Zucker
2 Eier (Größe M)
80 g natives Kokosöl (zimmerwarm)

FÜR DAS TOPPING:

30 g Puderzucker
100 g Butter (zimmerwarm)
100 g Doppelrahm-Frischkäse
1 TL frisch ger. Ingwer
100 g Apfelkompott

ZUSÄTZLICH:

24 Mini-Muffin-Papierbackförmchen

PRO STÜCK:

E: 2 g, F: 10 g, Kh: 9 g, kcal: 138

1. Zum Vorbereiten Kokosmilch in einem Topf erhitzen. Mohn und Kokosraspel in der Kokosmilch bei schwacher Hitze offen unter gelegentlichem Rühren etwa 10 Minuten köcheln lassen, bis alles dicklich eingekocht ist. Die Mohnmasse anschließend erkalten lassen.

2. Den Backofen vorheizen.
Ober-/Unterhitze: etwa 170 °C
Heißluft: etwa 150 °C

3. Für den Teig Mehl mit Backpulver in einer Rührschüssel mischen. Restliche Zutaten und die Mohnmasse hinzufügen.

4. Alles mit einem Mixer (Rührstäbe) zunächst kurz auf niedrigster, dann auf höchster Stufe in etwa 2 Minuten zu einem glatten Teig verarbeiten.

5. Den Teig gleichmäßig in den Mulden einer Muffinform (für 24 Mini-Muffins, mit Papierbackförmchen ausgelegt) verteilen.

6. Die Form auf dem Rost in den vorgeheizten Backofen schieben und die Muffins **etwa 20 Minuten backen.**

7. Die Form auf einen Kuchenrost stellen. Die Muffins etwa 10 Minuten in der Form abkühlen lassen. Anschließend aus der Form lösen und auf dem Kuchenrost erkalten lassen.

8. Für das Topping Puderzucker und Butter mit dem Mixer (Rührstäbe) auf höchster Stufe sorgfältig verrühren. Frischkäse und Ingwer glatt unterrühren. Das Topping in einen Spritzbeutel mit Lochtülle (Ø etwa 12 mm) füllen.

9. Auf jeden Cupcake einen dicken Tupfen spritzen und in die Mitte je einen Klecks Apfelkompott geben.

MINI-KOKOS-ORANGEN-MUFFINS

⏱ Zubereitungszeit: 45 Minuten, ohne Abkühlzeit
Backzeit: etwa 20 Minuten

ZUTATEN FÜR 24 STÜCK

FÜR DEN RÜHRTEIG:

100 g Marzipan-Rohmasse
150 g Butter oder Margarine (zimmerwarm)
100 g Zucker, 1 Pck. Vanillin-Zucker
1 Prise Salz
4 Eier (Größe M)
1 Pck. Orangenschalen-Aroma
125 g Weizenmehl
2 gestr. TL Backpulver
30 g fein geschnittenes Orangeat
125 g Kokosraspel

ZUM GARNIEREN:

25 g Kokosraspel
125 g dunkle Kuchenglasur
24 Orangen-Geleefrüchte

ZUSÄTZLICH:

24 Mini-Muffin-Papierbackförmchen

PRO STÜCK:

E: 3 g, F: 14 g, Kh: 18 g, kcal: 209

1. Den Backofen vorheizen.
Ober-/Unterhitze: etwa 180 °C
Heißluft: etwa 160 °C

2. Für den Teig Marzipan in hauchdünne Scheiben schneiden. Butter oder Margarine mit den Marzipan-Scheiben mit einem Mixer (Rührstäbe) auf höchster Stufe geschmeidig rühren. Nach und nach Zucker, Vanillin-Zucker und Salz unterrühren. So lange rühren, bis eine gebundene Masse entstanden ist.

3. Die Eier nach und nach unterrühren (jedes Ei etwa ½ Minute). Orangenschalen-Aroma hinzufügen. Das Mehl mit Backpulver mischen und auf mittlerer Stufe kurz unterrühren. Zuletzt Orangeat und Kokosraspel unterheben.

4. Den Rührteig in die Mulden einer Muffinform (für 24 Mini-Muffins, mit Papierbackförmchen ausgelegt) geben und glatt streichen. Die Form auf dem Rost in den vorgeheizten Backofen schieben. Die Muffins **etwa 20 Minuten backen**.

5. Die Form auf einen Kuchenrost stellen. Die Muffins etwa 5 Minuten in der Form abkühlen lassen. Anschließend aus der Form lösen und auf dem Kuchenrost erkalten lassen.

6. Zum Garnieren Kokosraspel in einer Pfanne ohne Fett unter Wenden goldbraun rösten und auf einem Teller erkalten lassen.

7. Die Kuchenglasur nach Packungsanleitung schmelzen. Die Muffins damit bestreichen, mit Kokosraspeln und Geleefrüchten garnieren. Die Glasur trocknen lassen.

TIPP:

Für die Mini-Kokos-Orangen-Muffins können Sie auch einfach eine normale Muffinform für 12 Muffins mit entsprechenden Muffin-Papierbackförmchen verwenden.

MINI-SOFT-ICE-CUPCAKES

⏱ Zubereitungszeit: 45 Minuten, ohne Abkühlzeit
Backzeit: 17–19 Minuten

ZUTATEN FÜR 32 STÜCK

FÜR DEN TEIG:

2 EL Milch, 120 g Zucker, 1 Pck. Vanillin-Zucker
100 ml Sonnenblumenöl, 1 Prise Salz
2 Eier (Größe M)
200 g Weizenmehl, 1 ½ gestr. TL Backpulver
75 g Zartbitter-Raspelschokolade
32 kleine Waffelbecher
(mit kakaohaltiger Fettglasur)

FÜR DAS TOPPING:

175 g Butter (zimmerwarm)
evtl. ½ TL Vanille-Extrakt-Pulver
oder geriebene Zitronenschale
175 g Puderzucker
210 g abgetropfter Doppelrahm-Frischkäse
(zimmerwarm) oder abgetropfter Schmand
(Sauerrahm, zimmerwarm)
evtl. fettlösliche rote Speisefarbe
evtl. Zuckerperlen

PRO STÜCK:

E: 2 g, F: 11 g, Kh: 18 g, kcal: 182

1. Den Backofen vorheizen.
Ober-/Unterhitze: etwa 180 °C
Heißluft: etwa 160 °C

2. Für den Teig Milch, Zucker, Vanillin-Zucker, Sonnenblumenöl, Salz und Eier in einer Rührschüssel mit einem Mixer (Rührstäbe) in 1 Minute dick cremig aufschlagen. Mehl und Backpulver mischen, zur Eier-Zucker-Masse geben und kurz auf mittlerer Stufe zu einem glatten Teig verrühren. Raspelschokolade gut unterrühren.

3. Den Teig in einen großen Einmal-Spritzbeutel aus Kunststoff füllen. Eine Spitze abschneiden. Die Waffelbecher auf einem Backblech (gefettet, mit Backpapier belegt) verteilen. Den Teig mithilfe des Spritzbeutels gleichmäßig in den Waffelbechern verteilen.

4. Das Backblech in den vorgeheizten Backofen schieben. Die Cupcakes **17–19 Minuten backen**.

5. Das Backblech vorsichtig aus dem Backofen nehmen und auf einen Kuchenrost stellen. Die Cupcakes erkalten lassen.

6. Für das Topping Butter und nach Belieben Vanille-Extrakt oder Zitronenschale in einer Rührschüssel mit dem Mixer (Rührstäbe) auf höchster Stufe in etwa 5 Minuten hellcremig aufschlagen. Den Puderzucker sieben und nach und nach gut unter die Butter mixen. Frischkäse oder Schmand glatt rühren, dann esslöffelweise, aber nur kurz unter die Butter-Puderzucker-Masse schlagen (nicht zu lange schlagen, sonst trennen sich die Zutaten). Die Creme nach Belieben mit Speisefarbe einfärben und eventuell kurz in den Kühlschrank stellen.

7. Die Creme in einen Spritzbeutel mit feiner Sterntülle füllen und Tuffs auf die Cupcakes spritzen. Nach Belieben mit bunten Zuckerperlen bestreut servieren.

MINT-CAKES

⏱ Zubereitungszeit: 35 Minuten, ohne Abkühlzeit
Backzeit: etwa 30 Minuten

ZUTATEN FÜR 12 STÜCK

FÜR DEN TEIG:

3 Eiweiß (Größe M), 1 Prise Salz
160 g Zucker
3 Eigelb (Größe M)
180 g Butter oder Margarine (zimmerwarm)
180 g Weizenmehl, 20 g Kakao zum Backen
1 Msp. Natron, ½ TL Backpulver
125 ml Milch (1,5 % Fett)
50 g Zartbitter-Raspelschokolade

FÜR DAS TOPPING:

80 g Puderzucker, 2 Pck. Sahnesteif
375 g Crème double
100 g Joghurt (3,5 % Fett)
etwas grüne Speisefarbe, einige Tropfen Minzöl

ZUM GARNIEREN:

12 Schokoladensticks mit Pfefferminz-
  cremefüllung

ZUSÄTZLICH:

12 Muffin-Papierbackförmchen

PRO STÜCK:

E: 5 g, F: 31 g, Kh: 38 g, kcal: 457

---

1. Den Backofen vorheizen.
Ober-/Unterhitze: etwa 160 °C
Heißluft: etwa 140 °C

2. Für den Teig das Eiweiß mit Salz mit einem Mixer (Rührstäbe) auf höchster Stufe steif schlagen. Den Eischnee 3 Minuten weiterschlagen, dabei nach und nach den Zucker einrieseln lassen.

3. In einer anderen Schüssel Eigelb mit Butter oder Margarine schaumig rühren. Mehl mit Kakao, Natron und Backpulver mischen. Das Mehlgemisch mit der Milch unter die Buttermasse rühren. Zuletzt Eischnee und Raspelschokolade in zwei Portionen kurz auf niedrigster Stufe unterrühren.

4. Den Teig in die Mulden einer Muffinform (für 12 Muffins, mit Papierbackförmchen ausgelegt) geben und glatt streichen. Die Form auf dem Rost in den vorgeheizten Backofen schieben. Die Cupcakes **etwa 30 Minuten backen**.

5. Die Form auf einen Kuchenrost stellen. Cupcakes etwa 5 Minuten in der Form abkühlen lassen. Anschließend aus der Form lösen und auf dem Kuchenrost erkalten lassen.

6. Für das Topping Puderzucker mit Sahnesteif mischen. Crème double kurz aufschlagen. Das Puderzuckergemisch einrieseln lassen, dabei die Creme weiterschlagen. Den Joghurt unterrühren. Die Creme nach Belieben mit der Speisefarbe leicht grün einfärben und mit etwas Minzöl abschmecken.

7. Die Minzcreme in einen Spritzbeutel mit Sterntülle (Ø etwa 1 ½ cm) füllen und je einen großen Tupfen auf die Cupcakes spritzen. Die Schokoladensticks 1–2-mal durchbrechen. Cupcakes damit garnieren.

MOHN-MUFFINS

⏱ Zubereitungszeit: 20 Minuten, ohne Abkühlzeit
Backzeit: etwa 25 Minuten

ZUTATEN FÜR 12 STÜCK

FÜR DEN TEIG:

200 g Weizenmehl
2 gestr. TL Backpulver
120 g brauner Zucker (Rohrzucker)
2 EL Mohnsamen (15 g)
½ Pck. geriebene Zitronenschale
1 Msp. Orangenschalen-Aroma
150 g saure Sahne (10 % Fett)
3 EL Milch
100 ml neutrales Speiseöl
1 Ei (Größe M)

FÜR DEN GUSS:

70 g Puderzucker
3–4 TL Zitronensaft
1 TL Mohnsamen

ZUSÄTZLICH:

12 Muffin-Papierbackförmchen

PRO STÜCK:

E: 3 g, F: 11 g, Kh: 28 g, kcal: 224

1. Den Backofen vorheizen.
Ober-/Unterhitze: etwa 180 °C
Heißluft: etwa 160 °C

2. Für den Teig Mehl, Backpulver, Zucker, Mohnsamen, Zitronenschale und Orangenschalen-Aroma in einer Rührschüssel mit einem Schneebesen verrühren.

3. Saure Sahne, Milch, Speiseöl und Ei in einem Rührbecher mit dem Schneebesen verrühren. Die flüssigen Zutaten zu der Mehl-Mohn-Mischung in die Rührschüssel geben und zu einem glatten Teig verrühren.

4. Den Teig in eine Muffinform (für 12 Muffins, mit Papierbackförmchen ausgelegt) füllen. Die Form auf dem Rost in den vorgeheizten Backofen schieben. Muffins **etwa 25 Minuten backen**.

5. Die Form auf einen Kuchenrost stellen. Muffins etwa 5 Minuten in der Form abkühlen lassen, dann aus der Form nehmen und auf dem Kuchenrost erkalten lassen.

6. Für den Guss Puderzucker und Zitronensaft mit einem Löffel zu einem dickflüssigen Guss verrühren, Mohnsamen unterrühren. Den Guss mit einem Löffel auf die Muffins geben und trocknen lassen.

MÖHRCHEN-CAKES

⏱ Zubereitungszeit: 45 Minuten, ohne Abkühlzeit
Backzeit: etwa 30 Minuten

ZUTATEN FÜR 12 STÜCK

ZUM VORBEREITEN:

150 g Pekan- oder Walnusskerne

FÜR DEN TEIG:

3 Eiweiß (Größe M), 1 Prise Salz
1 Pck. Vanillin-Zucker, 180 g Zucker
3 Eigelb (Größe M)
150 g Butter oder Margarine (zimmerwarm)
2 EL Sonnenblumenöl
100 g Weizenmehl, 50 g Speisestärke
1 ½ gestr. TL Backpulver
70 ml Mineralwasser mit Kohlensäure

FÜR DAS TOPPING:

500 g Möhren
1 Bio-Zitrone (unbehandelt, ungewachst)
30 g frischer Ingwer, 2 EL Wasser
200 g Butter (zimmerwarm)
170 g Puderzucker, 2 Pck. Sahnesteif
12 feine Marzipan-Rübli
    (Dekor-Möhren aus Marzipan)

ZUSÄTZLICH:

12 Muffin-Papierbackförmchen

PRO STÜCK:

E: 5 g, F: 37 g, Kh: 46 g, kcal: 532

---

1. Zum Vorbereiten Pekan- oder Walnusskerne im Blitzhacker fein hacken.

2. Den Backofen vorheizen.
Ober-/Unterhitze: etwa 180 °C
Heißluft: etwa 160 °C

3. Für den Teig Eiweiß und Salz in einer Rührschüssel mit einem Mixer (Rührstäbe) auf höchster Stufe steif schlagen. Eischnee 3 Minuten weiterschlagen, dabei nach und nach Vanillin-Zucker und die Hälfte des Zuckers dazugeben.

4. In einer anderen Schüssel Eigelb mit Butter oder Margarine, Speiseöl und restlichem Zucker schaumig rühren. Dann fein gehackte Nusskerne unterrühren.

5. Mehl mit Speisestärke und Backpulver mischen. Mehlgemisch und Mineralwasser abwechselnd unter die Nussmasse rühren. Eischnee in zwei Portionen auf niedrigster Stufe kurz unterrühren.

6. Dann den Teig in die Mulden einer Muffinform (für 12 Muffins, mit Papierbackförmchen ausgelegt) geben und glatt streichen. Die Form auf dem Rost in den vorgeheizten Backofen schieben. Die Cakes **etwa 30 Minuten backen**.

7. Die Form auf einen Kuchenrost stellen. Cakes etwa 5 Minuten in der Form abkühlen lassen. Anschließend aus der Form lösen und auf dem Kuchenrost erkalten lassen.

8. Für das Topping inzwischen die Möhren schälen und grob raspeln. Zitrone heiß abspülen, abtrocknen und etwa ein Drittel der Schale dünn abschälen. Die Zitrone halbieren, den Saft auspressen. Ingwer schälen und fein schneiden.

9. Möhren mit Zitronenschale, 2 Esslöffeln Zitronensaft und Wasser in einem Topf zum Kochen bringen und zugedeckt etwa 5 Minuten dünsten. Ingwer dazugeben und weitere 5 Minuten dünsten. Sollte die Flüssigkeit verdampft sein, zusätzlich 1–2 Esslöffel Wasser in den Topf geben. Anschließend die Möhrenmasse abkühlen lassen, es sollte keine Flüssigkeit mehr vorhanden sein.

10. Die Butter mit einem Mixer (Rührstäbe) schaumig rühren. Puderzucker in zwei Portionen dazugeben. Die Masse zu einer Creme aufschlagen.

11. Sahnesteif unter die Möhrenmasse mischen. Die Masse in einen Rührbecher geben und pürieren. Das Püree nach und nach unter die Buttercreme rühren. Die Creme auf den Cupcakes verteilen und mithilfe eines Messers wellenförmig verstreichen. Die Cupcakes mit jeweils 1 Möhre garnieren. Cupcakes etwa 15 Minuten in den Kühlschrank stellen.

TIPPS:

Statt Pekan- oder Walnusskerne schmecken in diesen Cupcakes auch andere Nüsse, zum Beispiel Haselnüsse. Zur Osterzeit können Sie die Cakes auch mit kleinen, bunten Zuckereiern garnieren. Und wenn Sie die Möhrchen-Cakes speziell für Kinder backen, können Sie den Ingwer weglassen und das Topping mit kleinen Schokoladenhasen krönen.

MÖHREN-HASELNUSS-MUFFINS

⏱ Zubereitungszeit: 45 Minuten, ohne Abkühlzeit
Backzeit: etwa 35 Minuten

ZUTATEN FÜR 12 STÜCK

FÜR DEN TEIG:

180 g Möhren
1 Bio-Orange (unbehandelt, ungewachst)
150 g Weizenmehl (Type 550)
200 g gem. Haselnusskerne
1 gestr. TL gem. Zimt
2 gestr. TL Backpulver
80 g Voll-Rohrzucker
50 ml Rapsöl
150 ml Mandeldrink
20 g Ei-Ersatz-Pulver

FÜR DEN GUSS:

80 g gesiebter Puderzucker

ZUSÄTZLICH:

12 Muffin-Papierbackförmchen

PRO STÜCK:

E: 4 g, F: 16 g, Kh: 26 g, kcal: 260

1. Den Backofen vorheizen.
Ober-/Unterhitze: etwa 180 °C
Heißluft: etwa 160 °C

2. Für den Teig die Möhren putzen, schälen, abspülen, abtropfen lassen und fein raspeln. Die Orange heiß abwaschen, abtrocknen und die Schale fein abreiben. Dann die Orange halbieren und den Saft auspressen.

3. Mehl mit Nusskernen, Zimt, Backpulver und Zucker in einer Rührschüssel sehr gut vermischen.

4. Orangenschale, 2 Esslöffel von dem Orangensaft (restlichen Orangensaft für den Guss beiseitestellen), Rapsöl, Mandeldrink und Ei-Ersatz-Pulver in einen Rührbecher geben. Die Zutaten mit dem Mixer (Rührstäbe) zunächst kurz auf niedrigster, dann auf höchster Stufe verrühren.

5. Zunächst die Mandeldrink-Mischung zu der Mehlmischung geben, mit einem Teigschaber verrühren, danach die geraspelten Möhren unterrühren. Den Teig gleichmäßig in den Mulden einer Muffinform (für 12 Muffins, mit Papierbackförmchen ausgelegt) verteilen.

6. Die Form auf dem Rost in den Backofen schieben und die Muffins **etwa 35 Minuten backen**.

7. Die Möhren-Haselnuss-Muffins mit den Papierbackförmchen aus der Form nehmen und auf einem Kuchenrost erkalten lassen.

8. Für den Guss Puderzucker mit so viel von dem beiseitegestellten Orangensaft (2–3 Esslöffel) verrühren, dass ein dickflüssiger Guss entsteht. Den Guss mit einem Teelöffel auf die Muffins träufeln. Guss trocknen lassen.

CUPCAKES & MUFFINS

MOUSSE-CAKES MIT PFEFFER

⏱ Zubereitungszeit: 35 Minuten, ohne Kühlzeit
Backzeit: etwa 35 Minuten

ZUTATEN FÜR 12 STÜCK

FÜR DAS TOPPING:

1 TL rosa Pfefferbeeren
1 Pck. Mousse à la Vanille (Dessertpulver)
200 ml kalte Milch (3,5 % Fett)
100 g Schlagsahne (mind. 30 % Fett)

FÜR DEN TEIG:

250 g abgetropfte Mangoschnitten (aus der Dose)
100 g Löffelbiskuits
2 Eiweiß (Größe M), 1 Prise Salz
130 g Zucker
2 Eigelb (Größe M)
150 g Butter oder Margarine (zimmerwarm)
150 g Weizenmehl, 1 ½ gestr. TL Backpulver

ZUM GARNIEREN:

rosa Pfefferbeeren
silberne Zuckerperlen

ZUSÄTZLICH:

12 Muffin-Papierbackförmchen

PRO STÜCK:

E: 5 g, F: 16 g, Kh: 37 g, kcal: 313

---

1. Für das Topping die Pfefferbeeren im Mörser zerdrücken oder im Blitzhacker fein hacken. Die Mousse nach Packungsanweisung mit Milch und Sahne aufschlagen.

2. Die zerkleinerten Pfefferbeeren unterheben. Die Vanille-Mousse in eine flache Schüssel geben und zugedeckt mindestens 3 Stunden in den Kühlschrank stellen.

3. Für den Teig die Mangoschnitten in kleine Würfel schneiden. Löffelbiskuits in einen großen Gefrierbeutel geben und den Beutel fest verschließen. Die Löffelbiskuits mit einer Teigrolle fein zerbröseln.

4. Den Backofen vorheizen.
Ober-/Unterhitze: etwa 180 °C
Heißluft: etwa 160 °C

5. Eiweiß und Salz in einer Rührschüssel mit dem Mixer (Rührstäbe) auf höchster Stufe steif schlagen. Eischnee 3 Minuten weiterschlagen, dabei nach und nach die Hälfte des Zuckers einrieseln lassen.

6. In einer anderen Schüssel Eigelb mit Butter oder Margarine schaumig rühren. Mehl mit Biskuitbröseln und Backpulver mischen.

7. Das Mehlgemisch und die Mangowürfel in jeweils zwei Portionen abwechselnd unter die Fettmasse rühren. Eischnee in zwei Portionen auf niedrigster Stufe kurz unterrühren.

8. Teig in die Mulden einer Muffinform (für 12 Muffins, mit Papierbackförmchen ausgelegt) geben und glatt streichen.

9. Die Form auf dem Rost in den vorgeheizten Backofen schieben. Die Cupcakes **etwa 35 Minuten backen**.

10. Die Form auf einen Kuchenrost stellen. Cakes etwa 5 Minuten in der Form abkühlen lassen. Anschließend aus der Form lösen und auf dem Kuchenrost erkalten lassen.

11. Für das Topping mit einem Löffel 12 Nocken von der Mousse abstechen und auf den Cupcakes verteilen. Cupcakes mit Pfefferbeeren und Zuckerperlen garnieren.

MOZART-CUPCAKES

🕐 Zubereitungszeit: 40 Minuten, ohne Kühlzeit
Backzeit: 25–30 Minuten

ZUTATEN FÜR 12 STÜCK

ZUM VORBEREITEN:

100 g Nuss-Nougat

FÜR DEN TEIG:

3 Eiweiß (Größe M), 1 Prise Salz, 100 g Zucker
50 g Marzipan-Rohmasse
150 g Butter oder Margarine (zimmerwarm)
3 Eigelb (Größe M)
120 g Weizenmehl
50 g geraspelte, weiße Schokolade
50 g gem. Pistazienkerne
1 gestr. TL Backpulver

FÜR DAS TOPPING:

150 ml Milch (1,5 % Fett)
100 g Schlagsahne (mind. 30 % Fett)
1 Pck. Mousse au Chocolat (Dessertpulver)
200 g Marzipan-Rohmasse
etwas grüne Speisefarbe, 30 g gem. Pistazienkerne
1 EL Puderzucker
2 EL Knusperperlen

ZUSÄTZLICH:

12 Muffin-Papierbackförmchen

PRO STÜCK:

E: 10 g, F: 31 g, Kh: 40 g, kcal: 475

1. Nuss-Nougat in 12 gleich große Stücke schneiden.

2. Den Backofen vorheizen.
Ober-/Unterhitze: etwa 180 °C
Heißluft: etwa 160 °C

3. Für den Teig das Eiweiß und Salz mit einem Mixer (Rührstäbe) auf höchster Stufe steif schlagen. Eischnee 3 Minuten weiterschlagen, dabei nach und nach den Zucker unterschlagen.

4. Das Marzipan in hauchdünne Scheiben schneiden, mit Butter oder Margarine und Eigelb mit dem Mixer (Rührstäbe) zunächst kurz auf niedrigster, dann auf höchster Stufe etwa 4 Minuten schaumig schlagen.

5. Mehl mit Schokoladenraspeln, Pistazien und Backpulver gut vermischen. Die Mehlmischung in zwei Portionen abwechselnd mit dem Eischnee unter die Eigelb-Fett-Masse rühren.

6. Den Teig in die Mulden einer Muffinform (für 12 Muffins, mit Papierbackförmchen ausgelegt) geben und glatt streichen. In jede Teigportion vorsichtig 1 Nuss-Nougat-Stück drücken. Die Form auf dem Rost in den vorgeheizten Backofen schieben. Die Cupcakes **25–30 Minuten backen**.

7. Die Form auf einen Kuchenrost stellen. Cakes etwa 5 Minuten abkühlen lassen, aus der Form lösen und auf dem Kuchenrost erkalten lassen.

8. Für das Topping aus Milch, Sahne und Dessertpulver nach Packungsanleitung – aber mit den hier angegebenen Zutaten und Mengen – eine Mousse zubereiten und kurz in den Kühlschrank stellen.

9. Marzipan mit grüner Speisefarbe und Pistazien sorgfältig verkneten. Das grüne Marzipan mit etwas Puderzucker 2–3 mm dick zu einer Platte ausrollen. Aus der Marzipanplatte mit einer Ausstechform 12 Kreise mit Wellenrand (Ø etwa 6 ½ cm) ausstechen. Aus dem restlichen Marzipan 12 kleine, gleich große Kugeln formen.

10. Jeden Cupcake etwa 8 mm dick mit etwas Mousse au Chocolat bestreichen und mit je 1 Marzipankreis belegen. Restliche Mousse au Chocolat in einen Spritzbeutel mit Sterntülle (Ø etwa 1 cm) füllen und Tupfen auf die Marzipankreise spritzen. Auf jeden Tupfen 1 Marzipankugel setzen und mit Knusperperlen bestreuen. Die Cakes zugedeckt, sodass das Topping nicht zerdrückt wird, etwa 1 Stunde in den Kühlschrank stellen.

TIPP:

Schneller geht's, wenn Sie die Cupcakes mit einer Schokocreme verzieren und sie mit ½ Schoko-Gebäck-Kugel garnieren.

MUFFINS MIT BLÜTENSTREUSELN

⏱ Zubereitungszeit: 40 Minuten, ohne Kühlzeit
Backzeit: 20–25 Minuten

ZUTATEN FÜR 12 STÜCK

FÜR DEN RÜHRTEIG:

125 g Butter oder Margarine (zimmerwarm)
100 g Zucker
3 Eier (Größe L)
150 g Weizenmehl
1 ½ gestr. TL Backpulver
25 g Kakao zum Backen
50 g Zartbitter-Raspelschokolade

FÜR DIE GANACHE-CREME:

75 g Schlagsahne (mind. 30 % Fett)
75 g Zartbitter-Schokolade
   (etwa 50 % Kakaoanteil)

ZUM BESTREUEN:

3–4 TL bunte Blütenstreusel

ZUSÄTZLICH:

12 Muffin-Papierbackförmchen

PRO STÜCK:

E: 4 g, F: 16 g, Kh: 24 g, kcal: 260

1. Den Backofen vorheizen.
Ober-/Unterhitze: etwa 180 °C
Heißluft: etwa 160 °C

2. Für den Teig Butter oder Margarine mit einem Mixer (Rührstäbe) auf höchster Stufe geschmeidig rühren. Zucker nach und nach unterrühren. So lange rühren, bis eine gebundene Masse entstanden ist.

3. Die Eier nach und nach unterrühren (jedes Ei etwa ½ Minute). Mehl mit Backpulver und Kakaopulver mischen und auf mittlerer Stufe kurz unterrühren. Zuletzt die Raspelschokolade unterheben.

4. Den Teig in die Mulden einer Muffinform (für 12 Muffins, mit Papierbackförmchen ausgelegt) geben und glatt streichen. Die Form auf dem Rost in den vorgeheizten Backofen schieben. Die Muffins **20–25 Minuten backen**.

5. Die Form auf einen Kuchenrost stellen. Die Muffins etwa 10 Minuten in der Form abkühlen lassen. Anschließend aus der Form lösen und auf dem Kuchenrost erkalten lassen.

6. Für die Ganache die Sahne in einem Topf erhitzen (nicht kochen). Schokolade in kleine Stückchen brechen, in die heiße Sahne geben und etwa 1 Minute stehen lassen.

7. Anschließend die Schokoladensahne mit einem Schneebesen so lange glatt rühren, bis sich die Schokolade vollständig aufgelöst hat. Die Ganache-Creme so lange zugedeckt in den Kühlschrank stellen, bis sie die gewünschte Konsistenz hat. Je länger sie kühl steht, desto fester wird sie.

8. Die Muffins mit der Oberseite in die Ganache tauchen. Ganache kurz etwas anziehen lassen und dann mit den Blütenstreuseln bestreuen.

MUFFINS MIT QUARK

⏱ Zubereitungszeit: 25 Minuten
Backzeit: 25–30 Minuten

ZUTATEN FÜR 12 STÜCK

ZUM VORBEREITEN:

75 g getr. Aprikosen
2 EL Wasser

FÜR DEN RÜHRTEIG:

65 g Butter oder Margarine (zimmerwarm)
3 EL Sonnenblumenöl
70 g Zucker
1 Pck. Vanillin-Zucker
1 Prise Salz
1 Ei (Größe M)
125 g Magerquark
175 g Weizenmehl
3 gestr. TL Backpulver
5 EL Milch (1,5 % Fett)
50 g Rosinen

ZUSÄTZLICH:

12 Muffin-Papierbackförmchen

PRO STÜCK:

E: 4 g, F: 8 g, Kh: 24 g, kcal: 183

1. Zum Vorbereiten Aprikosen in kleine Stücke schneiden, in einer Schüssel mit Wasser vermischen. Aprikosenstücke etwa 10 Minuten einweichen.

2. In der Zwischenzeit den Backofen vorheizen.
Ober-/Unterhitze: etwa 180 °C
Heißluft: etwa 160 °C

3. Für den Teig Butter oder Margarine mit einem Mixer (Rührstäbe) auf höchster Stufe geschmeidig rühren. Nach und nach Sonnenblumenöl, Zucker, Vanillin-Zucker und Salz unterrühren. So lange rühren, bis eine gebundene Masse entstanden ist.

4. Das Ei etwa ½ Minute unterrühren. Den Quark kurz unterrühren.

5. Mehl mit Backpulver mischen und abwechselnd mit der Milch kurz auf mittlerer Stufe unterrühren. Rosinen und vorbereitete Aprikosenstücke vorsichtig auf niedrigster Stufe unter den Teig rühren.

6. Den Teig in den Mulden einer Muffinform (für 12 Muffins, mit Papierbackförmchen ausgelegt) verteilen und glatt streichen. Die Form auf dem Rost in den vorgeheizten Backofen schieben. Die Muffins **25–30 Minuten backen**.

7. Die Form auf einen Kuchenrost stellen. Die Muffins nach etwa 5 Minuten mit den Papierbackförmchen aus der Form heben und auf dem Kuchenrost erkalten lassen.

MUFFINS MIT ZITRONENCREME

⏱ Zubereitungszeit: 30 Minuten, ohne Gefrier- und Abkühlzeit
Backzeit: etwa 22 Minuten

ZUTATEN FÜR 12 STÜCK

ZUM VORBEREITEN FÜR DIE ZITRONENCREME:

2 Bio-Zitronen (unbehandelt, ungewachst)
50 Zucker, 1 TL Speisestärke
60 g Butter (zimmerwarm)

FÜR DEN TEIG:

2 Bio-Zitronen (unbehandelt, ungewachst)
200 g Weizenmehl
20 g Speisestärke
½ Pck. Backpulver, 1 gestr. TL Natron
160 g Zucker
3 Eier (Größe M)
80 g Schlagsahne
80 g Butter (zimmerwarm)

ZUM BESTÄUBEN:

40 g Puderzucker

PRO STÜCK:

E: 4 g, F: 14 g, Kh: 37 g, kcal: 292

---

1. Zum Vorbereiten für die Zitronencreme die Zitronen heiß abspülen, abtrocknen und die Schale fein abreiben. Die Zitronen halbieren, auspressen und 100 ml Saft abmessen. Zitronenschale und abgemessenen Zitronensaft in einen Topf geben.

2. Zucker mit Speisestärke vermischen und unterrühren. Das Ganze unter Rühren zum Kochen bringen und kurz aufkochen lassen. Die Butter unterrühren und den Topf von der Kochstelle nehmen. Die Zitronenmasse erkalten lassen und in einem Eiswürfelbehälter (12 Mulden, etwa 200 ml) verteilen. Die Zitronenmasse zugedeckt mindestens 3 Stunden gefrieren lassen.

3. Den Backofen vorheizen.
Ober-/Unterhitze: etwa 180 °C
Heißluft: etwa 160 °C

4. Für den Teig die Zitronen heiß abspülen und abtrocknen. Die Schale fein abreiben. Zitronen halbieren, auspressen und 100 ml Saft abmessen.

5. Mehl mit Speisestärke, Backpulver und Natron in einer Rührschüssel vermischen. Zucker und Zitronenschale untermischen. Eier, Sahne, Butter und abgemessenen Zitronensaft hinzugeben und mit einem Mixer (Rührstäbe) zunächst kurz auf niedrigster, dann auf höchster Stufe in etwa 2 Minuten zu einem glatten Teig verarbeiten.

6. Jeweils etwa ½ Esslöffel vom Teig in die Mulden einer Muffinform (für 12 Muffins, gefettet, bemehlt) geben. Die Form auf dem Rost in den vorgeheizten Backofen schieben. Den Muffinteig **etwa 8 Minuten vorbacken.**

7. Dann die Zitronencreme-Eiswürfel aus der Form lösen und jeweils 1 Würfel auf den vorgebackenen Muffinteig legen. Den restlichen Teig darauf verteilen. Die Form wieder auf dem Rost in den heißen Backofen schieben. Die Muffins **bei gleicher Backofentemperatur in weiteren 14 Minuten goldbraun backen.**

8. Die Form auf einen Kuchenrost stellen und die Muffins etwa 5 Minuten abkühlen lassen. Die Muffins aus der Form lösen, auf dem Kuchenrost etwas abkühlen lassen und mit Puderzucker bestäubt servieren.

TIPP:

Die Muffins können einen Tag im Voraus gebacken werden. Die erkalteten Muffins gut verpacken und kühl stellen. Die Muffins dann vor dem Servieren im vorgeheizten Backofen bei Ober-/Unterhitze: etwa 150 °C etwa 3 Minuten erwärmen.

NEKTARINEN-MUFFINS

⏱ Zubereitungszeit: 25 Minuten, ohne Abkühlzeit
Backzeit: etwa 25 Minuten

ZUTATEN FÜR 12 STÜCK

FÜR DEN BELAG:

1–2 Nektarinen

FÜR DEN TEIG:

180 g Weizenmehl
2 gestr. TL Backpulver
100 g Zucker
1 Pck. Vanillin-Zucker
50 g Vollmilch-Raspelschokolade
150 g saure Sahne
80 ml neutrales Speiseöl
2 Eier (Größe M)

ZUM BESTÄUBEN:

1 EL Puderzucker

ZUSÄTZLICH:

12 Muffin-Papierbackförmchen

PRO STÜCK:

E: 4 g, F: 11 g, Kh: 26 g, kcal: 216

1. Den Backofen vorheizen.
Ober-/Unterhitze: etwa 180 °C
Heißluft: etwa 160 °C

2. Für den Belag Nektarinen heiß abspülen, abtrocknen, halbieren und entsteinen. Nektarinenhälften in dünne Spalten schneiden.

3. Für den Teig Mehl mit Backpulver, Zucker, Vanillin-Zucker und Raspelschokolade in einer Rührschüssel mit einem Schneebesen verrühren.

4. Saure Sahne, Speiseöl und Eier in einem Rührbecher mit dem Schneebesen verrühren. Die flüssigen Zutaten zu der Mehl-Schokoladen-Mischung in die Rührschüssel geben und zu einem glatten Teig verrühren.

5. Den Teig in die Mulden einer Muffinform (für 12 Muffins, mit Papierbackförmchen ausgelegt) füllen. Die Nektarinenspalten fächerartig auf dem Teig verteilen. Die Form auf dem Rost in den vorgeheizten Backofen schieben. Die Nektarinen-Muffins **etwa 25 Minuten backen**.

6. Die Form auf einen Kuchenrost stellen. Die Nektarinen-Muffins etwa 5 Minuten in der Form abkühlen lassen. Anschließend aus der Form lösen und auf dem Kuchenrost erkalten lassen.

7. Die Nektarinen-Muffins vor dem Servieren mit Puderzucker bestäuben.

TIPP:

Statt Nektarinen können Sie auch 250 g abgetropfte, in Spalten geschnittene Pfirsichhälften (aus der Dose) verwenden.

NOUGAT-CUPCAKES, HERBE

⏱ Zubereitungszeit: 30 Minuten, ohne Abkühlzeit
Backzeit: etwa 25 Minuten

ZUTATEN FÜR 12 STÜCK

ZUM VORBEREITEN:

50 g feinherber Nougat
125 g Butter

FÜR DEN ALL-IN-TEIG:

150 g Weizenmehl, 2 gestr. TL Backpulver
10 g Kakao zum Backen
80 g Zucker, 1 Pck. Vanillin-Zucker
3 Eier (Größe M)

FÜR DAS TOPPING:

50 g Edelbitter-Schokolade
   (etwa 70 % Kakaoanteil)
50 g feinherber Nougat
100 g Nusskern-getr.-Früchte-Mix

ZUSÄTZLICH:

12 Muffin-Papierbackförmchen

PRO STÜCK:

E: 5 g, F: 17 g, Kh: 26 g, kcal: 280

1. Zum Vorbereiten Nougat in Stücke schneiden und mit der Butter in einem kleinen Topf bei schwacher Hitze unter Rühren schmelzen. Den Topf von der Kochstelle nehmen. Die Butter-Nougat-Masse abkühlen lassen.

2. Den Backofen vorheizen.
Ober-/Unterhitze: etwa 180 °C
Heißluft: etwa 160 °C

3. Für den Teig Mehl mit Backpulver und Kakao in einer Rührschüssel mischen. Zucker, Vanillin-Zucker, Eier und die Butter-Nougat-Masse hinzufügen. Die Zutaten mit einem Mixer (Rührstäbe) zunächst kurz auf niedrigster, dann auf höchster Stufe in etwa 2 Minuten zu einem glatten Teig verarbeiten.

4. Den Teig gleichmäßig in den Mulden einer Muffinform (für 12 Muffins, mit Papierbackförmchen ausgelegt) verteilen. Die Form auf dem Rost in den vorgeheizten Backofen schieben. Die Nougat-Cupcakes **etwa 25 Minuten backen**.

5. Die Form auf einen Kuchenrost stellen. Die Cupcakes etwa 10 Minuten in der Form abkühlen lassen, dann aus der Form nehmen und auf dem Kuchenrost erkalten lassen.

6. Für das Topping Schokolade in Stücke brechen, mit dem Nougat in einem Topf im Wasserbad bei schwacher Hitze unter Rühren schmelzen.

7. Den Nuss-Früchte-Mix auf einem Schneidebrett in grobe Stücke hacken, zur Schokoladen-Nougat-Masse geben und unterheben.

8. Die Schokoladen-Nougat-Masse mithilfe von 2 Teelöffeln in kleinen Häufchen auf den Cupcakes verteilen und fest werden lassen.

NOUGAT-MUFFINS

⏱ Zubereitungszeit: 30 Minuten, ohne Abkühlzeit
Backzeit: etwa 25 Minuten

ZUTATEN FÜR 12 STÜCK

ZUM VORBEREITEN:

100 g Butter oder Margarine
100 g Nuss-Nougat

FÜR DEN RÜHRTEIG:

200 g Weizenmehl
75 g gem. Haselnusskerne
1 geh. TL Backpulver
1 Prise Salz
½ TL Natron
250 ml Buttermilch
100 g Zucker
1 Pck. Vanillin-Zucker
2 Eier (Größe M)

ZUM VERZIEREN:

100 g Zartbitter-Kuvertüre
50 g weiße Kuvertüre

ZUSÄTZLICH:

12 Muffin-Papierbackförmchen

PRO STÜCK:

E: 7 g, F: 17 g, Kh: 35 g, kcal: 320

1. Zum Vorbereiten Butter oder Margarine zerlassen und abkühlen lassen. Nuss-Nougat in kleine Stücke schneiden und in einem kleinen Topf im Wasserbad bei schwacher Hitze unter Rühren schmelzen.

2. Den Backofen vorheizen.
Ober-/Unterhitze: etwa 180 °C
Heißluft: etwa 160 °C

3. Für den Teig Mehl und Nüsse mit Backpulver, Salz und Natron in einer Schüssel mischen. Buttermilch mit flüssiger Butter oder Margarine, Zucker, Vanillezucker und Eiern in einer Rührschüssel mit einem Mixer (Rührstäbe) auf niedrigster Stufe sorgfältig verrühren. Das Mehlgemisch in zwei Portionen kurz unterrühren.

4. Den Teig halbieren. Das lauwarme Nougat unter eine Teighälfte rühren.

5. Den Nougatteig in die Mulden einer Muffinform (für 12 Muffins, mit Papierbackförmchen ausgelegt) füllen. Den hellen Teig daraufgeben und glatt streichen. Die Form auf dem Rost in den vorgeheizten Backofen schieben. Die Muffins **etwa 25 Minuten backen.**

6. Die Form auf einen Kuchenrost stellen. Die Muffins etwa 10 Minuten in der Form abkühlen lassen. Anschließend aus der Form lösen und auf einem Kuchenrost erkalten lassen.

7. Zum Verzieren Zartbitter-Kuvertüre klein hacken, in einem Topf im Wasserbad bei schwacher Hitze unter Rühren schmelzen. Die obere Hälfte der Muffins mit dunkler Kuvertüre bestreichen und fest werden lassen.

8. Dann die helle Kuvertüre klein hacken und in einem Topf im Wasserbad bei schwacher Hitze unter Rühren schmelzen. In einen Einwegspritzbeutel füllen, eine Spitze abschneiden und die helle Kuvertüre graffitiartig auf die Muffins spritzen, fest werden lassen.

ORANGEN-SCHOKO-CAKES

⏱ Zubereitungszeit: 50 Minuten, ohne Kühlzeit
Backzeit: 20–25 Minuten

ZUTATEN FÜR 12 STÜCK

FÜR DIE SCHOKOCREME:

250 g Schlagsahne (mind. 30 % Fett)
50 g Edelbitter-Schokolade mit Orangenaroma (etwa 70 % Kakaoanteil)

FÜR DEN RÜHRTEIG:

50 g Edelbitter-Schokolade mit Orangenaroma (etwa 70 % Kakaoanteil)
125 g Butter oder Margarine (zimmerwarm)
100 g brauner Zucker
1 Prise Salz
3 Eier (Größe M)
150 g Weizenmehl
1 Msp. Backpulver
4 EL Orangensaft

ZUM GARNIEREN:

2 EL Puderzucker
2 kandierte Orangenscheiben

PRO STÜCK:

E: 4 g, F: 17 g, Kh: 24 g, kcal: 267

1. Für die Schokocreme die Sahne erhitzen. Schokolade in kleine Stücke brechen und unter Rühren in der Sahne schmelzen. Die Schokoladensahne in eine Schüssel geben und zugedeckt mindestens 3 Stunden in den Kühlschrank stellen.

2. Den Backofen vorheizen.
Ober-/Unterhitze: etwa 180 °C
Heißluft: etwa 160 °C

3. Für den Teig die Schokolade fein hacken. Butter oder Margarine mit einem Mixer (Rührstäbe) auf höchster Stufe geschmeidig rühren. Nach und nach Zucker und Salz unterrühren. So lange rühren, bis eine gebundene Masse entstanden ist. Eier nach und nach unterrühren (jedes Ei etwa ½ Minute).

4. Das Mehl mit Backpulver mischen, abwechselnd mit dem Orangensaft auf mittlerer Stufe kurz unterrühren. Die Schokoladenstücke unterheben.

5. Den Rührteig in die Mulden einer Muffinform (für 12 Muffins, gefettet) geben und glatt streichen. Die Form auf dem Rost in den vorgeheizten Backofen schieben. Die Muffins **20–25 Minuten backen.**

6. Die Form auf einen Kuchenrost stellen. Die Muffins etwa 10 Minuten in der Form abkühlen lassen. Anschließend aus der Form lösen und auf dem Kuchenrost erkalten lassen.

7. Die kalt gestellte Schokoladensahne mit dem Puderzucker mit einem Mixer (Rührstäbe) auf höchster Stufe cremig schlagen. Jeweils einen Klecks der Schokocreme auf die Muffins geben. Zum Garnieren Orangenscheiben in kleine Ecken schneiden. Die Muffins damit garnieren.

TIPP:

Kandierte Orangenscheiben erhalten Sie in den Pralinen- oder Confiserie-Abteilungen von Kaufhäusern.

PAVLOVA-CUPCAKES

⏲ Zubereitungszeit: 40 Minuten, ohne Abkühlzeit
Backzeit: 20–25 Minuten
Trockenzeit: 70 Minuten

ZUTATEN FÜR 12 STÜCK

FÜR DAS TOPPING:

2 Eiweiß (Größe M), ½ TL Apfelessig
50 g Zucker
1 gestr. TL Speisestärke, 50 g Puderzucker

500 g Erdbeeren

FÜR DEN TEIG:

200 g Weizenmehl, 3 gestr. TL Backpulver
1 Pck. geriebene Zitronenschale
80 g Zucker, 1 Prise Salz
2 Eier (Größe M), 50 ml Speiseöl

ZUM BESTREICHEN:

4 TL Erdbeerkonfitüre „samt"

ZUSÄTZLICH:

12 Muffin-Papierbackförmchen

PRO STÜCK:

E: 4 g, F: 6 g, Kh: 32 g, kcal: 195

1. Den Backofen vorheizen.
Ober-/Unterhitze: etwa 110 °C
(Heißluft nicht empfehlenswert)

2. Für das Topping Eiweiß und Apfelessig mit einem Mixer (Rührstäbe) auf höchster Stufe steif schlagen. Der Schnee muss so fest sein, dass ein Messerschnitt sichtbar bleibt. Zucker nach und nach unterschlagen. Speisestärke mit Puderzucker mischen, auf den Eischnee sieben und vorsichtig unterrühren.

3. Eischnee in einen Spritzbeutel mit Lochtülle (Ø etwa 1 ½ cm) geben. 12 Eischnee-Tupfen (Ø 4–5 cm) auf ein Backblech (gefettet, mit Backpapier belegt) spritzen, mithilfe eines Teelöffels jeweils eine Vertiefung eindrücken.

4. Das Backblech in den vorgeheizten Backofen (unterste Schiene) schieben. Die Baiser-Tupfen etwa 70 Minuten trocknen lassen. Anschließend den Backofen ausstellen. Die Baiserdeckel darin erkalten lassen. Das Backblech auf einen Kuchenrost stellen.

5. Den Backofen vorheizen.
Ober-/Unterhitze: etwa 180 °C
Heißluft: etwa 160 °C

6. Die Erdbeeren putzen, abspülen und abtropfen lassen. Die Hälfte davon in Stücke schneiden, in einen hohen Rührbecher geben und mit einem Pürierstab fein pürieren. Die restlichen Erdbeeren in Scheiben schneiden.

7. Für den Teig Mehl mit Backpulver, Zitronenschale, Zucker und Salz in einer Rührschüssel mit einem Schneebesen verrühren.

8. Die Eier mit dem Erdbeerpüree und dem Speiseöl gründlich verrühren. Die flüssigen Zutaten zu der Mehlmischung in die Rührschüssel geben und zu einem glatten Teig verrühren.

9. Den Teig in die Mulden einer Muffinform (für 12 Muffins, mit Papierbackförmchen ausgelegt) geben und glatt streichen. Die Form auf dem Rost in den vorgeheizten Backofen schieben. Die Cupcakes **20–25 Minuten backen**.

10. Die Form auf einen Kuchenrost stellen. Cakes etwa 5 Minuten abkühlen lassen, aus der Form lösen und auf dem Kuchenrost erkalten lassen.

11. Zum Servieren die Oberfläche der Cupcakes mit etwas Konfitüre bestreichen. Die Baiserschalen daraufsetzen und ganz vorsichtig, sodass sie nicht zerbrechen, andrücken.

12. Die restliche Konfitüre vorsichtig mit den Erdbeerscheiben vermischen, dann in den Mulden der Baiserschalen verteilen.

TIPP:

Sie können die Baiserschalen am Vorabend zubereiten und erkaltet in einer gut schließenden Blechdose aufbewahren.

PFIRSICH-MUFFINS MIT BLÜTEN

⏱ Zubereitungszeit: 30 Minuten, ohne Abkühlzeit
Backzeit: etwa 25 Minuten

ZUTATEN FÜR 12 STÜCK

ZUM VORBEREITEN:

100 g Butter
50 g gem. Mandeln
2 reife Pfirsiche (oder Nektarinen)

FÜR DEN TEIG:

2 Eier (Größe M)
75 g Zucker
200 ml Milch (3,5 % Fett)
1 Prise Salz
½ TL gem. Vanille
250 g Weizenmehl
2 gestr. TL Backpulver

ZUM VERZIEREN:

150 g Puderzucker
3 EL Zitronensaft
rote Speisefarbe
12 Dekor-Zucker-Rosen und
  24 Dekor-Zucker-Blätter

ZUSÄTZLICH:

12 Muffin-Papierbackförmchen

PRO STÜCK:

E: 5 g, F: 12 g, Kh: 46 g, kcal: 320

1. Zum Vorbereiten Butter schmelzen und lauwarm abkühlen lassen. Mandeln in einer Pfanne ohne Fett goldbraun rösten. Vom Herd nehmen und abkühlen lassen. Pfirsiche waschen, halbieren, entsteinen und klein würfeln.

2. Den Backofen vorheizen.
Ober-/Unterhitze: etwa 180 °C
Heißluft: etwa 160 °C

3. Für den Teig Eier, Zucker, Milch, flüssige Butter, Salz und Vanille in einer Rührschüssel mit dem Mixer (Rührstäbe) gründlich verrühren.

4. Mehl mit Backpulver und Mandeln in einer zweiten Schüssel mischen. Das Mehlgemisch in zwei Portionen auf niedriger Stufe kurz unterrühren. Pfirsichwürfel unter den Teig heben.

5. Dann den Teig in die Mulden einer Muffinform (für 12 Muffins, mit Papierbackförmchen ausgelegt) geben und glatt streichen. Die Form auf dem Rost in den vorgeheizten Backofen schieben und die Muffins **etwa 25 Minuten backen**.

6. Die Form auf einen Kuchenrost stellen. Die Muffins etwa 10 Minuten in der Form abkühlen lassen. Anschließend aus der Form lösen und auf einem Kuchenrost erkalten lassen.

7. Zum Verzieren Puderzucker mit Zitronensaft glatt verrühren und mit roter Speisefarbe rosa färben. Den Guss auf die Muffins streichen. Dann jeden Muffin mit je 1 Zucker-Rose und 2 grünen Zucker-Blättern dekorieren. Trocknen lassen.

TIPP:

Sehr hübsch sieht es auch aus, wenn man die Muffins mit kandierten Blüten, z. B. Veilchenblüten oder Rosenblättern verziert.

PINIENZAPFEN

⏱ Zubereitungszeit: 2 Stunden, ohne Abkühlzeit
Backzeit: etwa 25 Minuten

ZUTATEN FÜR 12 STÜCK

ZUM VORBEREITEN:

300 g ungeschälte Mandelkerne

FÜR DEN TEIG:

3 Eiweiß (Größe M), 1 Prise Salz
50 Marzipan-Rohmasse
3 Eigelb (Größe M), 1 Ei (Größe M)
50 ml Sonnenblumenöl
50 g Zucker
150 g gem. Haselnusskerne
50 g Speisestärke, 2 gestr. TL Backpulver

FÜR DAS TOPPING:

150 g Marzipan-Rohmasse
2 EL Puderzucker
300 g Schlagsahne (mind. 30 % Fett)
1 Pck. Sahnesteif
50 g gem. Haselnusskerne

ZUSÄTZLICH:

12 Muffin-Papierbackförmchen

PRO STÜCK:

E: 12 g, F: 39 g, Kh: 19 g, kcal: 476

1. Zum Vorbereiten die Mandeln zunächst auf einem scharfen Hobel von beiden Seiten 2-mal dünn anhobeln, dann in der Mitte mit einem kleinen, scharfen Messer in 2 Teile teilen (die Hobelreste anderweitig verwenden).

2. Den Backofen vorheizen.
Ober-/Unterhitze: etwa 180 °C
Heißluft: etwa 160 °C

3. Für den Teig Eiweiß und Salz mit einem Mixer (Rührstäbe) auf höchster Stufe steif schlagen. Der Schnee muss so fest sein, dass ein Messerschnitt sichtbar bleibt. Marzipan in hauchdünne Scheiben schneiden. Marzipanscheiben mit Eigelb, Ei, Sonnenblumenöl und Zucker mit dem Mixer (Rührstäbe) zunächst kurz auf niedrigster, dann auf höchster Stufe glatt rühren.

4. Haselnusskerne, Speisestärke und Backpulver mischen und vorsichtig unter die Marzipan-Eigelb-Mischung rühren. Zum Schluss den Eischnee unterheben.

5. Den Teig in die Mulden einer Muffinform (für 12 Muffins, mit Papierbackförmchen ausgelegt) geben und glatt streichen.

6. Die Form auf dem Rost in den vorgeheizten Backofen schieben. Cupcakes **etwa 25 Minuten backen**.

7. Die Form auf einen Kuchenrost stellen. Cupcakes etwa 10 Minuten in der Form abkühlen lassen. Anschließend aus der Form lösen und auf dem Kuchenrost erkalten lassen.

8. Für das Topping Marzipan mit Puderzucker sorgfältig verkneten. Die Marzipanmasse in 12 gleich große Portionen teilen.

9. Jede Portion zunächst zu einer Kugel rollen, dann mit den Fingern zu flachen Talern in Größe der Cupcake-Oberfläche auseinanderdrücken. Die Cupcakes damit belegen. Die Marzipan-Taler leicht andrücken.

10. Sahne mit Sahnesteif steif schlagen. Die Haselnusskerne vorsichtig unterheben. Nuss-Sahne in einen Spritzbeutel mit Lochtülle (Ø etwa 1 ½ cm) geben und in dicken Tupfen auf die Cupcakes spritzen.

11. Die vorbereiteten Mandeln dachziegelartig rund um die Nuss-Sahne-Tupfen anordnen und leicht andrücken.

TIPP:

Schneller geht es, wenn Sie fertig gehobelte Mandeln verwenden. Diese in einer Pfanne ohne Fett unter Wenden goldbraun rösten, auf einen Teller geben und vollständig erkalten lassen. Die Mandeln anschließend wie unter Punkt 11 beschrieben rund um die aufgespritzten Nuss-Sahne-Tupfen zu Zapfen anordnen.

CUPCAKES & MUFFINS

POPCORN-CAKES

⏱ Zubereitungszeit: 50 Minuten, ohne Abkühlzeit
Backzeit: etwa 25 Minuten

ZUTATEN FÜR 12 STÜCK

ZUM VORBEREITEN:

250 g abgetropfte Pfirsichhälften (aus der Dose)

FÜR DEN TEIG:

150 g Butter oder Margarine (zimmerwarm)
120 g Zucker
2 EL Orangenmarmelade mit Stückchen
3 Eier (Größe M)
120 g Maismehl, 80 g abgezogene, gem. Mandeln
1 ½ gestr. TL Backpulver

60 ml Pfirsichsaft (aus der Dose)

FÜR DAS TOPPING:

50 g Popcornmais (oder fertiges Popcorn)
2 EL neutrales Speiseöl
20 g Kokosfett, 100 g Zartbitter-Schokolade (etwa 50 % Kakaoanteil)
200 g Schlagsahne (mind. 30 % Fett)
1 TL Zucker, 1 Pck. Sahnesteif

ZUSÄTZLICH:

12 Muffin-Papierbackförmchen

PRO STÜCK:

E: 6 g, F: 27 g, Kh: 31 g, kcal: 390

---

1. Zum Vorbereiten von den Pfirsichen den Saft auffangen und beiseitestellen. Die Pfirsichhälften in etwa 1 cm große Würfel schneiden.

2. Den Backofen vorheizen.
Ober-/Unterhitze: etwa 180 °C
Heißluft: etwa 160 °C

3. Für den Teig die Butter oder Margarine mit Zucker und Marmelade in einer Rührschüssel mit dem Mixer (Rührstäbe) zunächst kurz auf niedrigster, dann auf höchster Stufe etwa 4 Minuten schaumig schlagen.

4. Eier nach und nach unterrühren (jedes Ei etwa ½ Minute). Maismehl mit Mandeln und Backpulver mischen, unter die Eier-Fett-Masse heben. Zuletzt die Pfirsichwürfel vorsichtig unterheben.

5. Den Teig in die Mulden einer Muffinform (für 12 Muffins, mit Papierbackförmchen ausgelegt) geben und glatt streichen. Die Form auf dem Rost in den vorgeheizten Backofen schieben. Die Cupcakes **etwa 25 Minuten backen**.

6. Die Form auf einen Kuchenrost stellen. Die noch heißen Cupcakes mit dem Pfirsichsaft bepinseln. Cupcakes etwa 10 Minuten in der Form abkühlen lassen. Anschließend aus der Form lösen und auf dem Kuchenrost erkalten lassen.

7. Für das Topping den Popcornmais mit dem Speiseöl in einem großen Topf erhitzen. Den Topf mit einem Deckel abdecken. Sobald die ersten Maiskörner aufpoppen, den Herd ausschalten.

8. Das Kokosfett und die Schokolade in kleine Stücke hacken. Zwei Drittel davon in einem Topf im Wasserbad bei schwacher Hitze unter Rühren schmelzen. Den Topf aus dem Wasserbad nehmen und die restlichen Kokosfett- und Schokoladenstücke darin unter Rühren schmelzen.

9. Sahne mit Zucker und Sahnesteif steif schlagen. Die Sahne mit einem Esslöffel auf den Cupcakes verteilen.

10. Das Popcorn in die aufgelöste Schokoladen-Kokosfett-Masse geben und gut mischen. Das noch feuchte Schoko-Popcorn auf den Cupcakes verteilen.

11. Die Popcorn-Cakes etwa 10 Minuten in den Kühlschrank stellen und bald servieren.

PUMPERNICKEL-CUPCAKES

⏱ Zubereitungszeit: 30 Minuten,
ohne Einweich- und Abkühlzeit
Backzeit: etwa 25 Minuten

ZUTATEN FÜR 12 STÜCK

ZUM VORBEREITEN:

115 g Pumpernickel
50 ml frisch gepresster Orangensaft
75 g Zartbitter-Schokolade (50 % Kakaoanteil)

FÜR DEN RÜHRTEIG:

100 g Butter oder Margarine (zimmerwarm)
100 g Zucker, 1 Pck. Orangenschalen-Aroma
je 1 Prise gem. Nelken und Zimt
2 Eier (Größe M)
100 g Weizenmehl, 1 gestr. TL Backpulver
50 g gem. Haselnusskerne

25 g Zartbitter-Schokolade (50 % Kakaoanteil)

FÜR DAS TOPPING:

1 Pck. Cremepudding Vanille-Geschmack
    (Pudding-Pulver ohne Kochen)
200 g frisch gepresster Orangensaft
300 g Schlagsahne (mind. 30 % Fett)

ZUSÄTZLICH:

12 Muffin-Papierbackförmchen

PRO STÜCK:

E: 4 g, F: 22 g, Kh: 31 g, kcal: 346

1. Zum Vorbereiten Pumpernickel in einer flachen Schüssel fein zerbröseln. 1 Esslöffel Pumpernickelbrösel zum Garnieren beiseitelegen. Die restlichen Pumpernickelbrösel mit Orangensaft beträufeln und etwa 20 Minuten einweichen. Schokolade fein raspeln.

2. Den Backofen vorheizen.
Ober-/Unterhitze: etwa 180 °C
Heißluft: etwa 160 °C

3. Für den Teig Butter oder Margarine mit einem Mixer (Rührstäbe) auf höchster Stufe geschmeidig rühren. Nach und nach Zucker, Orangenschalen-Aroma, Nelken und Zimt unterrühren. So lange rühren, bis eine gebundene Masse entstanden ist. Eier nach und nach unterrühren (jedes Ei etwa ½ Minute). Mehl mit Backpulver und Haselnusskernen mischen.

4. Die Mehl-Nuss-Mischung mit den eingeweichten Pumpernickelbröseln und den Schokoladenraspeln abwechselnd in zwei Portionen auf mittlerer Stufe kurz unterrühren.

5. Den Teig gleichmäßig in den Mulden einer Muffinform (für 12 Muffins, mit Papierbackförmchen ausgelegt) verteilen. Die Form auf dem Rost in den vorgeheizten Backofen schieben. Cupcakes **etwa 25 Minuten backen.**

6. Die Form auf einen Kuchenrost stellen. Die Cupcakes etwa 10 Minuten in der Form abkühlen lassen, dann aus der Form nehmen und auf dem Kuchenrost erkalten lassen.

7. Die Schokolade in kleine Stücke brechen, in einem Topf im Wasserbad bei schwacher Hitze unter Rühren schmelzen. Mit einem Teelöffel 12 kleine Schokoladenkreise (Ø etwa 3 ½ cm) auf Backpapier setzen, die beiseitegelegten Pumpernickelbrösel darauf verteilen. Die Schokolade im Kühlschrank fest werden lassen.

8. Für das Topping in der Zwischenzeit aus Pudding-Pulver, Orangensaft und Sahne einen Pudding nach Packungsanleitung – aber mit den hier angegebenen Zutaten und Mengen – zubereiten. Die Puddingcreme in einen Spritzbeutel mit Sterntülle (Ø etwa 1 cm) füllen. Je einen großen Tupfen der Creme auf die Cupcakes spritzen und mit den vorbereiteten Schokotalern garniert sofort servieren.

RHABARBER-ERDBEER-CUPCAKES

⏱ Zubereitungszeit: 35 Minuten, ohne Kühlzeit
Backzeit: etwa 25 Minuten

ZUTATEN FÜR 12 STÜCK

ZUM VORBEREITEN:

175 g Butter oder Margarine
etwa 175 g Rhabarber, in 2 cm langen Stücken
etwa 175 g Erdbeeren, halbiert oder geviertelt

FÜR DEN ALL-IN-TEIG:

150 g Weizenmehl, 3 gestr. TL Backpulver
1 Pck. Pudding-Pulver Vanille-Geschmack
120 g Puderzucker
2 Pck. Bourbon-Vanille-Zucker
3 Eier (Größe M)
50 ml Milch (3,5 % Fett)
50 g Kokosraspel

FÜR DAS TOPPING:

etwa 150 g Erdbeeren
20 g Puderzucker, 1 Pck. Sahnesteif
225 g Joghurt-Frischkäse, 1 TL Zitronensaft

ZUSÄTZLICH:

12 Muffin-Papierbackförmchen

PRO STÜCK:

E: 5 g, F: 19 g, Kh: 28 g, kcal: 308

---

1. Zum Vorbereiten Butter oder Margarine zerlassen und abkühlen lassen. Jeweils 150 g Rhabarber und Erdbeeren abwiegen.

2. Den Backofen vorheizen.
Ober-/Unterhitze: 180 °C
Heißluft: 160 °C

3. Für den Teig Mehl mit Backpulver und Pudding-Pulver in einer Rührschüssel mischen. Puderzucker, Vanille-Zucker, Eier, Milch, Kokosraspel und die abgekühlte Butter oder Margarine hinzufügen.

4. Die Zutaten mit einem Mixer (Rührstäbe) zunächst kurz auf niedrigster, dann auf höchster Stufe in etwa 2 Minuten zu einem glatten Teig verarbeiten.

5. Den Teig gleichmäßig in den Mulden einer Muffinform (für 12 Muffins, mit Papierbackförmchen ausgelegt) verteilen.

6. Vorbereitete Rhabarber- und Erdbeerstücke auf dem Teig verteilen und etwas in den Teig drücken.

7. Die Form auf dem Rost in den vorgeheizten Backofen schieben. Rhabarber-Erdbeer-Cakes **etwa 25 Minuten backen**.

8. Die Form auf einen Kuchenrost stellen. Die Cupcakes etwa 10 Minuten in der Form abkühlen lassen. Dann aus der Form nehmen und auf dem Kuchenrost erkalten lassen.

9. Für das Topping Erdbeeren abspülen, abtropfen lassen, entstielen und anschließend in Stücke schneiden.

10. 125 g Erdbeerstücke abwiegen und in einem tiefen Teller mit einer Gabel zerdrücken. Puderzucker mit Sahnesteif mischen.

11. Frischkäse, zerdrückte Erdbeeren und Zitronensaft in einem Rührbecher mit dem Mixer (Rührstäbe) verrühren. Puderzucker-Sahnesteif-Mischung hinzufügen und das Topping cremig rühren.

12. Das Erdbeertopping mit einem Löffel auf den Cupcakes verteilen.

13. Die Rhabarber-Erdbeer-Cupcakes etwa 30 Minuten in den Kühlschrank stellen und anschließend sofort servieren.

RHABARBER-MUFFINS MIT BAISERHAUBE

⏱ Zubereitungszeit: 30 Minuten, ohne Abkühlzeit
Backzeit: 25–30 Minuten

ZUTATEN FÜR 12 STÜCK

ZUM VORBEREITEN:

400 g Rhabarber
100 g Marzipan-Rohmasse

FÜR DEN TEIG:

150 g Weizenmehl
2 gestr. TL Backpulver
1 Prise Salz
100 g Butter oder Margarine (zimmerwarm)
100 g brauner Zucker
2 Eier (Größe M)
2 Eigelb (Größe M)
100 ml Buttermilch

FÜR DAS TOPPING:

2 Eiweiß (Größe M)
1 Prise Salz
100 g Zucker

ZUM BESTREUEN:

etwas Puderzucker

ZUSÄTZLICH:

12 Muffin-Papierbackförmchen

PRO STÜCK:

E: 6 g, F: 12 g, Kh: 30 g, kcal: 260

1. Zum Vorbereiten Rhabarber putzen, Stielenden und Blattansätze entfernen. Stangen evtl. schälen, abspülen, abtropfen lassen und in etwa 1 cm große Würfel schneiden. Marzipan grob reiben.

2. Den Backofen vorheizen.
Ober-/Unterhitze: etwa 190 °C
Heißluft: etwa 170 °C

3. Für den Teig Mehl mit Backpulver und Salz in einer Rührschüssel mit einem Schneebesen verrühren. Butter oder Margarine, Zucker, Eier, Eigelb, Marzipan und Buttermilch mit dem Mixer (Rührstäbe) etwa 5 Minuten cremig rühren. Mehlmischung in zwei Portionen in die Rührschüssel geben und auf niedrigster Stufe zu einem glatten Teig verrühren. Rhabarberstücke mit einem Kochlöffel unterrühren.

4. Den Teig in die Mulden einer Muffinform (für 12 Muffins, mit Papierbackförmchen ausgelegt) geben und glatt streichen. Die Form auf den Rost in den vorgeheizten Backofen schieben. Die Muffins **20–25 Minuten backen**.

5. Die Form auf einen Kuchenrost stellen und die Muffins etwa 10 Minuten lauwarm abkühlen lassen.

6. Den Backofen vorheizen.
Ober-/Unterhitze: etwa 220 °C
(Heißluft: nicht geeignet)

7. Für das Topping Eiweiß und Salz mit dem Mixer (Rührstäbe) steif schlagen. Zucker einrieseln lassen, dabei etwa 3 Minuten weiterschlagen. Die Baisermasse auf den Muffins verteilen. Im vorgeheizten Backofen **5–6 Minuten backen,** bis die Spitzen hellbraun sind.

8. Die Form auf einen Kuchenrost stellen und die Muffins etwa 5 Minuten abkühlen lassen. Anschließend aus der Form lösen und auf einem Kuchenrost vollständig abkühlen lassen. Mit Puderzucker bestäubt servieren.

TIPP:

Außerhalb der Saison kann man die Muffins mit roten Johannisbeeren statt mit Rhabarber zubereiten.

ROSEN-TRÜFFEL-CAKES

⏱ Zubereitungszeit: 60 Minuten, ohne Kühlzeit
Backzeit: 20–25 Minuten

ZUTATEN FÜR 12 STÜCK

ZUM VORBEREITEN:

1 rote Rose (unbehandelt)
1 Eiweiß, 2 EL Zucker
200 g Vollmilch-Kuvertüre
 (etwa 30 % Kakaoanteil)
250 g Schlagsahne (mind. 30 % Fett)
60 g geschälte Sesamsamen

FÜR DEN TEIG:

150 g Butter oder Margarine (zimmerwarm)
120 g Zucker, 1 Prise Salz
3 Eier (Größe M)
160 g Weizenmehl
½ TL gem. Kardamom, 1 ½ gestr. TL Backpulver
12 weiße Marc-de-Champagne-Trüffel
 (etwa 150 g)

FÜR DAS TOPPING:

1 TL Rosenwasser

ZUSÄTZLICH:

12 Muffin-Papierbackförmchen

PRO STÜCK:

E: 7 g, F: 31 g, Kh: 36 g, kcal: 453

---

1. Zum Vorbereiten die Rosenblätter abzupfen, ganz dünn mit Eiweiß bepinseln und mit Zucker bestreuen. Rosenblätter auf einem Kuchenrost trocknen lassen.

2. Inzwischen Kuvertüre in kleine Stücke hacken. Die Sahne in einem Topf zum Kochen bringen. Den Topf von der Kochstelle nehmen. Die Kuvertürestücke hinzugeben und darin unter Rühren schmelzen lassen. Die Kuvertüresahne etwas abkühlen lassen. Anschließend zugedeckt 3–4 Stunden in den Kühlschrank stellen.

3. Die Sesamsamen in einer Pfanne ohne Fett unter Wenden goldbraun rösten und auf einen Teller geben.

4. Den Backofen vorheizen.
Ober-/Unterhitze: etwa 180 °C
Heißluft: etwa 160 °C

5. Für den Teig Butter oder Margarine mit Zucker und Salz in einer Rührschüssel mit einem Mixer (Rührstäbe) zunächst kurz auf niedrigster, dann auf höchster Stufe etwa 4 Minuten schaumig schlagen. Die Eier nach und nach unterrühren (jedes Ei etwa ½ Minute).

6. Mehl mit Kardamom, Backpulver und 45 g von dem gerösteten Sesam gut vermischen. Die Mehlmischung unter die Eier-Fett-Masse rühren. Den Teig in die Mulden einer Muffinform (für 12 Muffins, mit Papierbackförmchen ausgelegt) geben und glatt streichen. In jede Teigportion vorsichtig 1 Trüffel drücken. Die Form auf dem Rost in den vorgeheizten Backofen schieben. Die Cupcakes **20–25 Minuten backen.**

7. Die Form auf einen Kuchenrost stellen. Cupcakes etwa 5 Minuten in der Form abkühlen lassen. Anschließend aus der Form lösen und auf dem Kuchenrost erkalten lassen.

8. Für das Topping die Schokoladensahne mit dem Rosenwasser mit dem Mixer (Rührstäbe) aufschlagen und in einen Spritzbeutel mit großer Blatttülle füllen. Die Schokoladensahne in Blütenform dekorativ auf die Cupcakes spritzen. Die Cupcakes zugedeckt, sodass die Schokoladensahne nicht zerdrückt wird, etwa 60 Minuten in den Kühlschrank stellen.

9. Vor dem Servieren jeden Cupcake mit etwas von dem restlichen Sesam bestreuen und mit 1 gezuckerten Rosenblatt dekorieren.

ROTWEIN-MUFFINS

- Zubereitungszeit: 25 Minuten, ohne Abkühlzeit
  Backzeit: etwa 20 Minuten
- Mit Alkohol

ZUTATEN FÜR 24 STÜCK

FÜR DEN ALL-IN-TEIG:

100 g Weizenmehl, 1 ½ gestr. TL Backpulver
1 TL Kakao zum Backen
80 g Zucker, 1 Pck. Vanille-Zucker
70 g abgezogene, gem. Mandeln
1 gestr. EL Nuss-Nougat-Creme (Fertigprodukt)
1 Ei (Größe M)
80 g Butter oder Margarine (zimmerwarm)
60 ml Rotwein

FÜR DEN GUSS:

60 g Puderzucker
1–2 EL Rotwein

ZUM BESTREUEN:

40 g getr. Cranberrys

ZUSÄTZLICH:

24 Mini-Muffin-Papierbackförmchen

PRO STÜCK:

E: 1 g, F: 5 g, Kh: 11 g, kcal: 97

1. Den Backofen vorheizen.
Ober-/Unterhitze: etwa 180 °C
Heißluft: etwa 160 °C

2. Für den Teig Mehl mit Backpulver und Kakaopulver in einer Rührschüssel mischen. Restliche Zutaten hinzufügen und mit einem Mixer (Rührstäbe) zunächst kurz auf niedrigster, dann auf höchster Stufe in etwa 2 Minuten zu einem glatten Teig verarbeiten.

3. Den Teig gleichmäßig in die Mulden einer Muffinform (für 24 Mini-Muffins, mit Papierbackförmchen ausgelegt) verteilen.

4. Die Form auf dem Rost in den vorgeheizten Backofen schieben. Die Rotwein-Muffins **etwa 20 Minuten backen**.

5. Die Form auf einen Kuchenrost stellen. Die Muffins etwa 10 Minuten in der Form abkühlen lassen. Dann aus der Form lösen.

6. Für den Guss Puderzucker mit Rotwein glatt rühren. Den Guss auf die noch warmen Muffins streichen. Cranberrys klein schneiden und auf den Guss streuen. Muffins erkalten und Guss trocknen lassen.

TIPPS:

Möchten Sie die Muffins für Kinder und deshalb ohne Alkohol zubereiten, dann ersetzen Sie den Rotwein durch die gleiche Menge roten Traubensaft. In diesem Fall reduzieren Sie die Zuckermenge auf 50 g Zucker im Teig. Eine weihnachtliche Note bekommen die Rotwein-Muffins, wenn Sie statt Rotwein einfach fertigen Glühwein verwenden. Dann am besten die Mandeln durch Haselnüsse ersetzen.

ROTWEIN-MUFFINS MIT CRUMBLE

- Zubereitungszeit: 35 Minuten, ohne Abkühlzeit
  Backzeit: etwa 25 Minuten
- ▲ Mit Alkohol

ZUTATEN FÜR 12 STÜCK

FÜR DIE STREUSEL:

40 g Weizenmehl, 20 g Weichweizengrieß
30 g Pinienkerne, ganz
30 g brauner Zucker, 1 Prise Salz
30 g Butter (zimmerwarm)

FÜR DEN TEIG:

180 g Weizenmehl, 1 EL Kakao zum Backen (10 g)
1 ½ gestr. TL Backpulver
130 g Zucker, 1 Pck. Vanillin-Zucker
½ Pck. Orangenschalen-Aroma
1 Prise Salz, 2 Eier (Größe M)
100 ml Rotwein, 150 g Butter (zimmerwarm)

FÜR DIE FÜLLUNG:

150 g Crème fraîche, 20 g Zucker
2 gestr. TL Speisestärke

1 TL Kakao zum Backen

PRO STÜCK:

E: 4 g, F: 19 g, Kh: 32 g, kcal: 328

---

1. Für die Streusel Mehl und Grieß in einer Rührschüssel mischen. Pinienkerne, Zucker, Salz und Butter hinzufügen. Die Zutaten mit einem Mixer (Knethaken) zunächst kurz auf niedrigster, dann auf höchster Stufe zu Streuseln von gewünschter Größe verarbeiten. Die Streusel etwa 20 Minuten in den Kühlschrank stellen.

2. Für den Teig Mehl, Kakao und Backpulver in einer Rührschüssel mischen. Zucker, Vanillin-Zucker, Orangenschalen-Aroma, Salz, Eier, Rotwein und Butter hinzufügen. Die Zutaten mit dem Mixer (Rührstäbe) zunächst kurz auf niedrigster, dann auf höchster Stufe zu einem glatten Teig verarbeiten. Den Teig in die Mulden einer Muffinform (für 12 Muffins, gefettet) füllen.

3. Den Backofen vorheizen.
Ober-/Unterhitze: etwa 180 °C
Heißluft: etwa 160 °C

4. Für die Füllung Crème fraîche mit Zucker und Speisestärke verrühren. In jeden vorbereiteten Muffin mit einem Teelöffel eine trichterförmige Vertiefung drücken und sofort 2 Teelöffel von der Crème-fraîche-Masse in die Mitte geben.

5. Die Streusel auf den Teig streuen. Die Form auf dem Rost in den vorgeheizten Backofen schieben. Die Muffins **etwa 25 Minuten backen**.

6. Die Form auf einen Kuchenrost stellen. Die Muffins etwa 5 Minuten in der Form stehen lassen, dann aus der Form lösen und auf dem Kuchenrost erkalten lassen. Die Muffins vor dem Servieren mit Kakao bestäuben.

SAUERKIRSCH-SCHOKO-MUFFINS

⏱ Zubereitungszeit: 25 Minuten
Backzeit: 25–30 Minuten

ZUTATEN FÜR 12 STÜCK

ZUM VORBEREITEN:

175 g abgetropfte Sauerkirschen (aus dem Glas)

FÜR DEN TEIG:

100 g Zwieback
150 ml Kakaotrunk aus entrahmter Milch
30 g zerlassene, abgekühlte Halbfett-Butter (39 % Fett)
2 Eiweiß (Größe M)
1 Pck. Vanillin-Zucker, 1 Prise Salz
2 Eigelb (Größe M), 40 g Zucker
4 EL warmes Wasser
40 g Weizenmehl
1 gestr. TL Backpulver
30 g ger. Zartbitter-Schokolade

ZUSÄTZLICH:

12 Muffin-Papierbackförmchen

PRO STÜCK:

E: 3 g, F: 3 g, Kh: 19 g, kcal: 120

1. Zum Vorbereiten die Kirschen in einem Sieb gut abtropfen lassen.

2. Den Backofen vorheizen.
Ober-/Unterhitze: etwa 180 °C
Heißluft: etwa 160 °C

3. Für den Teig Zwieback in einen Gefrierbeutel geben, den Beutel fest verschließen. Zwieback mit einer Teigrolle fein zerbröseln. Zwiebackbrösel in eine Rührschüssel geben. Kakaotrunk und Butter hinzugeben und gut verrühren.

4. Das Eiweiß steif schlagen. Vanillin-Zucker und Salz einrieseln lassen und kurz unterschlagen. Eigelb mit Zucker und Wasser mit einem Mixer (Rührstäbe) in etwa 3 Minuten zu einer cremigen Masse aufschlagen.

5. Mehl mit Backpulver mischen und auf die Eigelbmasse geben, kurz unterschlagen. Die Butter-Brösel-Masse und geriebene Schokolade unterrühren. Zuletzt steif geschlagenes Eiweiß unterheben.

6. Teig in eine Muffinform (für 12 Muffins, mit Papierförmchen ausgelegt) füllen. Kirschen gleichmäßig auf dem Teig verteilen und leicht eindrücken. Die Form auf dem Rost in den vorgeheizten Backofen schieben. Die Muffins **25–30 Minuten backen**.

7. Die Muffins aus der Form nehmen und auf einem Kuchenrost erkalten lassen.

TIPPS:

Die Muffins halten sich in Frischhaltefolie gewickelt und kühl gestellt 2–3 Tage. Sie können auch 175 g aufgetaute TK-Sauerkirschen verwenden.

SCHOKO-INGWER-MUFFINS

⏱ Zubereitungszeit: 20 Minuten
Backzeit: etwa 25 Minuten

ZUTATEN FÜR 12 STÜCK

FÜR DEN TEIG:

40 g getr., gezuckerte Ingwerstücke
170 g Weizenmehl
20 g Kakao zum Backen
100 g Zartbitter-Raspelschokolade
3 gestr. TL Backpulver
1 Prise Salz
130 g brauner Zucker
250 g Schlagsahne
2 Eier (Größe M)

PRO STÜCK:

E: 4 g, F: 11 g, Kh: 29 g, kcal: 233

1. Den Backofen vorheizen.
Ober-/Unterhitze: etwa 180 °C
Heißluft: etwa 160 °C

2. Für den Teig Ingwerstücke sehr fein schneiden, mit Mehl, Kakao, Raspelschokolade, Backpulver, Salz und Zucker in einer Rührschüssel mit einem Schneebesen verrühren.

3. Sahne und Eier in einem Rührbecher glatt rühren. Die flüssigen Zutaten zu der Mehl-Schokoladen-Mischung geben und zu einem glatten Teig verrühren.

4. Den Teig in die Mulden einer Muffinform (für 12 Muffins, gefettet, bemehlt) geben und glatt streichen.

5. Die Form auf dem Rost in den vorgeheizten Backofen schieben. Schoko-Ingwer-Muffins **etwa 25 Minuten backen.**

6. Die Form auf einen Kuchenrost stellen. Schoko-Ingwer-Muffins etwa 5 Minuten in der Form abkühlen lassen. Anschließend aus der Form lösen und auf dem Kuchenrost erkalten lassen.

TIPPS:

Die Muffins schmecken auch lauwarm sehr gut, etwa mit halbsteif geschlagener Schlagsahne. Wer den etwas scharfen Geschmack von Ingwer nicht mag, kann den Ingwer einfach weglassen oder stattdessen klein geschnittene Soft-Aprikosen verwenden. Wer es noch schokoladiger mag, kann die Muffins auch mit Kuvertüre überziehen. Dazu 100 g Zartbitter-Kuvertüre fein hacken und in einem kleinen Topf im Wasserbad bei schwacher Hitze unter Rühren schmelzen. Die Muffins mit der geschmolzenen Kuvertüre und mit schokoliertem Ingwer verzieren.

SCHOKO-MARZIPAN-MUFFINS

⏱ Zubereitungszeit: 15 Minuten, ohne Abkühlzeit
Backzeit: etwa 25 Minuten

ZUTATEN FÜR 12 STÜCK

ZUM VORBEREITEN:

150 g Marzipan-Rohmasse

FÜR DEN ALL-IN-TEIG:

250 g Weizenmehl, 2 ½ TL Backpulver
30 g Kakao zum Backen, 100 g Zucker
1 Pck. Bourbon-Vanille-Aroma, 4 Eier (Größe M)
125 ml Sonnenblumenöl, 150 ml Buttermilch

ZUM BESTÄUBEN:

etwas Kakao zum Backen

ZUSÄTZLICH:

12 Muffin-Papierbackförmchen

PRO STÜCK:

E: 7 g, F: 19 g, Kh: 30 g, kcal: 315

1. Zum Vorbereiten Marzipan klein würfeln.

2. Den Backofen vorheizen.
Ober-/Unterhitze: etwa 180 °C
Heißluft: etwa 160 °C

3. Für den Teig Mehl mit Backpulver und Kakao in einer Rührschüssel mischen. Restliche Zutaten hinzufügen und mit einem Mixer (Rührstäbe) zunächst kurz auf niedrigster, dann auf höchster Stufe in etwa 2 Minuten zu einem glatten Teig verarbeiten. Etwa zwei Drittel der Marzipanstücke unterheben.

4. Den All-in-Teig in die Mulden einer Muffinform (für 12 Muffins, mit Papierbackförmchen ausgelegt) geben und glatt streichen. Restliches Marzipan auf der Teigoberfläche verteilen. Die Form auf dem Rost in den vorgeheizten Backofen schieben. Die Muffins **etwa 25 Minuten backen**.

5. Die Form auf einen Kuchenrost stellen. Die Muffins etwa 10 Minuten in der Form abkühlen lassen, aus der Form lösen, auf dem Kuchenrost erkalten lassen. Die Muffins mit Kakaopulver bestäubt servieren.

SCHOKO-MINZ-MUFFINS

⏱ Zubereitungszeit: 25 Minuten, ohne Abkühlzeit
Backzeit: etwa 25 Minuten

ZUTATEN FÜR 12 STÜCK

ZUM VORBEREITEN:

100 g weiße Schokolade
50 ml kochend heißes Wasser
50 g geröstete und gesalzene Macadamia-Nusskerne

FÜR DEN TEIG:

150 g Weizenmehl, 2 gestr. TL Backpulver
100 g Zucker
50 g Joghurt (3,5 % Fett)
100 ml Sonnenblumenöl
2 Eier (Größe M)

FÜR DEN BELAG:

50 g Joghurt (3,5 % Fett)
150 g Mascarpone (ital. Frischkäse)
2 TL Puderzucker
etwas grüne Lebensmittelfarbe
2–3 Tropfen Minzöl (erhältlich in der Apotheke)

ZUM BESTREUEN:

einige weiße Schokoladenlocken

PRO STÜCK:

E: 4 g, F: 22 g, Kh: 26 g, kcal: 316

1. Zum Vorbereiten Schokolade fein hacken und in einen Rührbecher geben. Heißes Wasser auf die Schokolade geben, kurz stehen lassen und glatt rühren. Die Nusskerne sehr fein hacken.

2. Den Backofen vorheizen.
Ober-/Unterhitze: etwa 180 °C
Heißluft: etwa 160 °C

3. Für den Teig Mehl mit Backpulver, Zucker und klein gehackten Nusskernen in einer Rührschüssel mit einem Schneebesen verrühren. Joghurt, Sonnenblumenöl und Eier zu der geschmolzenen Schokolade geben, mit dem Schneebesen verrühren. Die flüssigen Zutaten zu der Mehlmischung in die Rührschüssel geben und zu einem glatten Teig verrühren.

4. Den Teig in die Mulden einer Muffinform (für 12 Muffins, gefettet, bemehlt) geben. Die Form auf dem Rost in den vorgeheizten Backofen schieben. Die Muffins **etwa 25 Minuten backen**.

5. Die Form auf einen Kuchenrost stellen. Die Muffins etwa 5 Minuten in der Form abkühlen lassen. Anschließend aus der Form lösen und auf dem Kuchenrost erkalten lassen.

6. Für den Belag Joghurt, Mascarpone, Puderzucker und Lebensmittelfarbe mit einem Schneebesen glatt rühren, mit Minzöl abschmecken. Den Belag auf den Muffins verteilen und dekorativ mit Schokoladenlocken bestreuen.

CUPCAKES & MUFFINS

SCHOKO-MUFFINS MIT KNUSPERHAUBE

- Zubereitungszeit: 40 Minuten, ohne Abkühlzeit
  Backzeit: etwa 25 Minuten
- ▲ Mit Alkohol

ZUTATEN FÜR 12 STÜCK

FÜR DEN BELAG:

60 g Zucker
4 EL Schlagsahne
100 g gestiftelte Mandeln
1 EL flüssiger Honig
2 gestr. EL zarte Haferflocken

FÜR DEN RÜHRTEIG:

100 g Butter oder Margarine (zimmerwarm)
80 g Zucker
2 Pck. Vanillin-Zucker
3 Eier (Größe M)
120 g Weizenmehl
1 gestr. TL Backpulver
20 g Kakao zum Backen

FÜR DIE FÜLLUNG:

200 g Mascarpone (ital. Frischkäse)
2 EL Puderzucker
4–5 EL Eierlikör

PRO STÜCK:

E: 6 g, F: 22 g, Kh: 27 g, kcal: 339

1. Für den Belag Zucker, Sahne, Mandeln und Honig in eine Pfanne geben und unter Rühren zum Kochen bringen. Die Pfanne von der Kochstelle nehmen, Haferflocken unterrühren. Die Masse etwas abkühlen lassen.

2. In der Zwischenzeit den Backofen vorheizen.
Ober-/Unterhitze: etwa 180 °C
Heißluft: etwa 160 °C

3. Für den Teig Butter oder Margarine mit einem Mixer (Rührstäbe) auf höchster Stufe geschmeidig rühren. Nach und nach Zucker und Vanillin-Zucker unterrühren. So lange rühren, bis eine gebundene Masse entstanden ist.

4. Eier nach und nach unterrühren (jedes Ei etwa ½ Minute). Mehl mit Backpulver und Kakao mischen und auf mittlerer Stufe kurz unterrühren.

5. Den Teig in die Mulden einer Muffinform (für 12 Muffins, gefettet, bemehlt) geben und glatt streichen. Die Mandel-Haferflocken-Masse daraufgeben. Die Form auf dem Rost in den vorgeheizten Backofen schieben. Die Muffins **etwa 25 Minuten backen**.

6. Die Form auf einen Kuchenrost stellen. Die Muffins etwa 10 Minuten in der Form abkühlen lassen. Anschließend aus der Form lösen und auf dem Kuchenrost erkalten lassen.

7. Für die Füllung Mascarpone mit Puderzucker und Eierlikör in einen Rührbecher geben. Die Zutaten zu einer Creme aufschlagen.

8. Die Muffins je nach Größe 1–3-mal waagerecht aufschneiden und mit der Creme füllen.

SCHWEDISCHE PREISELBEER-CUPCAKES

⏱ Zubereitungszeit: 30 Minuten, ohne Abkühlzeit
Backzeit: 25–30 Minuten

ZUTATEN FÜR 12 STÜCK

ZUM VORBEREITEN:

150 g Butter oder Margarine

FÜR DEN TEIG:

100 g Buchweizenmehl
100 g nicht abgezogene, gem. Mandeln
30 g Speisestärke
3 gestr. TL Backpulver
1 Prise Salz
2 EL Sonnenblumenöl
120 g Zucker
2 Eier (Größe M)
200 g Apfelmus (aus dem Glas)

FÜR DAS TOPPING:

400 g Schlagsahne (mind. 30 % Fett)
2 Pck. Sahnesteif
200 g Preiselbeer-Dessert (aus dem Glas)

ZUSÄTZLICH:

12 Muffin-Papierbackförmchen

PRO STÜCK:

E: 5 g, F: 28 g, Kh: 32 g, kcal: 400

---

1. Zum Vorbereiten Butter oder Margarine zerlassen und abkühlen lassen.

2. Den Backofen vorheizen.
Ober-/Unterhitze: etwa 180 °C
Heißluft: etwa 160 °C

3. Für den Teig Buchweizenmehl mit Mandeln, Speisestärke, Backpulver und Salz in einer Rührschüssel mit einem Schneebesen verrühren.

4. Flüssige Butter oder Margarine mit Sonnenblumenöl, Zucker und Eiern mit einem Mixer (Rührstäbe) gut verrühren. Zuletzt das Apfelmus unterrühren. Die flüssigen Zutaten zu der Mehl-Mandel-Mischung geben und zu einem glatten Teig verrühren.

5. Den Teig in die Mulden einer Muffinform (für 12 Muffins, mit Papierbackförmchen ausgelegt) geben und glatt streichen.

6. Die Form auf dem Rost in den vorgeheizten Backofen schieben. Die Cupcakes **25–30 Minuten backen.**

7. Die Form auf einen Kuchenrost stellen. Die Cupcakes etwa 10 Minuten in der Form abkühlen lassen. Anschließend Cupcakes aus der Form lösen und auf dem Kuchenrost erkalten lassen.

8. Für das Topping Sahne mit Sahnesteif steif schlagen. Zwei Drittel des Preiselbeer-Desserts unter die Sahne heben.

9. Die Preiselbeersahne in einen Spritzbeutel mit Lochtülle (Ø etwa 1 cm) geben. Den äußeren Rand der Cupcakes mit kleinen Sahnetupfen besprizten. Das restliche Preiselbeer-Dessert in kleinen Klecksen jeweils in die Mitte geben.

TIPP:

Die Cupcakes zusätzlich mit etwas Zartbitter-Raspelschokolade bestreuen.

VON A–Z

S

SMOOTHIE-CUPCAKES

⏱ Zubereitungszeit: 50 Minuten, ohne Kühlzeit
Backzeit: 20–25 Minuten

ZUTATEN FÜR 12 STÜCK

FÜR DEN TEIG:

125 g Butter oder Margarine
200 g Weizenmehl, 2 gestr. TL Backpulver
125 g Puderzucker, 1 Pck. Vanillin-Zucker
2 Eier (Größe M), 125 ml Milch (3,5 % Fett)

FÜR DAS TOPPING:

4 Blatt weiße Gelatine
250 ml roter Smoothie, z. B. Birne, Rote Bete und Ingwer (zimmerwarm)
200 g Schlagsahne (mind. 30 % Fett)
1 gestr. EL Zucker

ZUM GARNIEREN:

etwas Puderzucker, 12 Deko-Blüten aus Esspapier

ZUSÄTZLICH:

12 Muffin-Papierbackförmchen

PRO STÜCK:

E: 4 g, F: 14 g, Kh: 26 g, kcal: 253

---

1. Für den Teig die Butter oder Margarine zerlassen und lauwarm abkühlen lassen.

2. Den Backofen vorheizen.
Ober-/Unterhitze: etwa 180 °C
Heißluft: etwa 160 °C

3. Mehl, Backpulver, Puderzucker und Vanillin-Zucker in einer Schüssel sorgfältig vermischen. Eier, lauwarme Butter oder Margarine und Milch hinzugeben. Die Zutaten mit einem Schneebesen zu einem glatten Teig verarbeiten.

4. Den Teig in den Mulden einer Muffinform (für 12 Muffins, mit Papierbackförmchen ausgelegt) verteilen.

5. Die Muffinform auf dem Rost in den vorgeheizten Backofen schieben und die Muffins **20–25 Minuten backen.**

6. Die Form auf einen Kuchenrost stellen. Muffins etwa 5 Minuten abkühlen lassen. Aus der Form lösen, auf dem Kuchenrost erkalten lassen.

7. Von jedem Muffin mit einem Sägemesser einen Deckel (etwa ½ cm dick) abschneiden. Die Biskuitdeckel beiseitelegen. Muffins mit einem Teelöffel vorsichtig etwas aushöhlen.

8. Für das Topping Gelatine nach Packungsanleitung einweichen. Die Gelatine leicht ausdrücken und in einem kleinen Topf bei schwacher Hitze unter Rühren auflösen. Zunächst etwa 6 Esslöffel vom Smoothie in die aufgelöste Gelatinemischung geben und verrühren. Dann diese Mischung unter den restlichen Smoothie rühren. Smoothie-Gelatine-Mischung in den Kühlschrank stellen, dabei zwischendurch mit einem Schneebesen umrühren.

9. Die Sahne mit dem Zucker steif schlagen. Sobald die Smoothie-Mischung dicklich wird, die Sahne mit dem Schneebesen vorsichtig unterheben und in einen Spritzbeutel mit Lochtülle (Ø etwa 1 ½ cm) füllen. Die Muffins mit der Smoothie-Sahne füllen und den Gebäckdeckel daraufsetzen. Cupcakes zugedeckt etwa 2 Stunden in den Kühlschrank stellen.

10. Die Smoothie-Cupcakes mit Puderzucker und Deko-Blüten garnieren.

STACHELBEER-BAISER-CAKES

⏱ Zubereitungszeit: 40 Minuten, ohne Abkühlzeit
Backzeit: 25–30 Minuten

ZUTATEN FÜR 12 STÜCK

FÜR DEN TEIG:

150 g Butter oder Margarine (zimmerwarm)
120 g Zucker, 1 Pck. Bourbon-Vanille-Zucker
1 Prise Salz
3 Eier (Größe M)
120 g Weizenmehl
80 g abgezogene, gem. Mandeln
1 ½ gestr. TL Backpulver
250 g abgetropfte Stachelbeeren (aus dem Glas)

FÜR DAS TOPPING:

200 g Schlagsahne (mind. 30 % Fett)
1 TL Zucker
1 Pck. Sahnesteif
etwa 18 Baiserwellen (etwa 100 g, Fertigprodukt)
100 g abgetropfte Stachelbeeren (aus dem Glas)
einige frische Pfefferminzblätter

ZUSÄTZLICH:

12 Muffin-Papierbackförmchen

PRO STÜCK:

E: 5 g, F: 21 g, Kh: 33 g, kcal: 339

1. Den Backofen vorheizen.
Ober-/Unterhitze: etwa 180 °C
Heißluft: etwa 160 °C

2. Für den Teig Butter oder Margarine mit Zucker, Vanille-Zucker und Salz in einer Rührschüssel mit einem Mixer (Rührstäbe) zunächst kurz auf niedrigster, dann auf höchster Stufe etwa 4 Minuten schaumig schlagen. Eier nach und nach unterrühren (jedes Ei etwa ½ Minute).

3. Mehl mit Mandeln und Backpulver gut vermischen. Die Mehlmischung unter die Eier-Fett-Masse rühren. Die Stachelbeeren vorsichtig unter den Teig heben.

4. Den Teig in die Mulden einer Muffinform (für 12 Muffins, mit Papierbackförmchen ausgelegt) geben und glatt streichen. Die Form auf dem Rost in den vorgeheizten Backofen schieben. Die Cupcakes **25–30 Minuten backen**.

5. Die Form auf einen Kuchenrost stellen. Cupcakes etwa 5 Minuten in der Form abkühlen lassen. Anschließend aus der Form lösen und auf dem Kuchenrost erkalten lassen.

6. Für das Topping die Sahne mit dem Zucker und dem Sahnesteif steif schlagen. Die Sahne in einen Spritzbeutel mit mittlerer Lochtülle geben. 6 von den Baiserwellen halbieren. Die Cupcakes mit der Schlagsahne verzieren und mit je 1 ½ Baiserwellen belegen. Die Cupcakes mit Stachelbeeren und abgespülten, trocken getupften Pfefferminzblättchen garnieren.

STACHELBEER-MUFFINS

⏱ Zubereitungszeit: 20 Minuten, ohne Abkühlzeit
Backzeit: 25–30 Minuten

ZUTATEN FÜR 12 STÜCK

ZUM VORBEREITEN:

80 g Butterschmalz

FÜR DEN SCHÜTTELTEIG:

120 g Weizenmehl
50 g Speisestärke
2 gestr. TL Backpulver
120 g brauner Zucker
1 Pck. Bourbon-Vanille-Zucker
3 Eier (Größe M)
50 ml Milch (1,5 % Fett)
70 g gehackte Walnusskerne

390 g abgetropfte Stachelbeeren (aus dem Glas)

FÜR DEN BELAG:

100 g Aprikosenkonfitüre

PRO STÜCK:

E: 4 g, F: 13 g, Kh: 33 g, kcal: 266

1. Zum Vorbereiten Butterschmalz zerlassen und abkühlen lassen.

2. Den Backofen vorheizen.
Ober-/Unterhitze: etwa 200 °C
Heißluft: etwa 180 °C

3. Für den Teig Mehl mit Speisestärke und Backpulver mischen, in eine verschließbare Schüssel (etwa 3 l) geben und anschließend gut mit Zucker und Vanille-Zucker mischen.

4. Eier, flüssiges Butterschmalz und Milch hinzufügen und die Schüssel mit dem Deckel fest verschließen. Die Schüssel mehrmals kräftig schütteln (insgesamt 15–30 Sekunden), sodass alle Zutaten gut vermischt sind. Walnusskerne hinzugeben.

5. Alles mit einem Schneebesen oder Rührlöffel nochmals sorgfältig durchrühren, damit vor allem trockene Zutaten vom Rand mit untergerührt werden.

6. Den Teig in die Mulden einer Muffinform (für 12 Muffins, gefettet, bemehlt) geben und glatt streichen. Den Teig etwa 5 Minuten stehen lassen. Von den Stachelbeeren etwa 100 g beiseitelegen. Restliche Stachelbeeren auf dem Teig verteilen. Die Form auf dem Rost in den vorgeheizten Backofen schieben. Die Muffins **25–30 Minuten backen**.

7. Die Form auf einen Kuchenrost stellen. Muffins etwa 10 Minuten in der Form abkühlen lassen. Anschließend aus der Form lösen und auf dem Kuchenrost erkalten lassen.

8. Für den Belag Konfitüre in einem Topf unter Rühren aufkochen. Die beiseitegestellten Stachelbeeren hinzufügen und unter vorsichtigem Rühren kurz aufkochen lassen. Die Stachelbeermasse mit einem Löffel auf den Muffins verteilen und fest werden lassen.

STRACCIATELLA-CUPCAKES

⏱ Zubereitungszeit: 40 Minuten, ohne Abkühlzeit
Backzeit: 25–30 Minuten

ZUTATEN FÜR 12 STÜCK

ZUM VORBEREITEN:

100 g Vollmilch-Schokolade
(etwa 30 % Kakaoanteil)
150 g Frischkäse (etwa 17 % Fett)

FÜR DEN RÜHRTEIG:

150 g Butter oder Margarine (zimmerwarm)
100 g brauner Zucker
1 Pck. Vanillin-Zucker
1 Prise Salz
3 Eier (Größe M)
50 g Schmand (Sauerrahm)
200 g Weizenmehl
2 gestr. TL Backpulver
80 g Zartbitter-Raspelschokolade
12 Stücke Zartbitter-Schokolade
(etwa 60 g, mind. 50 % Kakaoanteil)

FÜR DAS TOPPING:

150 g Schlagsahne (mind. 30 % Fett)
½ Pck. Sahnesteif
100 g weiße Milchcreme (aus dem Glas)

ZUSÄTZLICH:

12 Muffin-Papierbackförmchen

PRO STÜCK:

E: 7 g, F: 26 g, Kh: 33 g, kcal: 395

1. Zum Vorbereiten für das Topping Vollmilch-Schokolade in kleine Stücke brechen und mit 1 Esslöffel Frischkäse in einem Topf im Wasserbad bei schwacher Hitze unter Rühren schmelzen. Schoko-Frischkäse-Masse etwas abkühlen lassen, dann mit dem restlichen Frischkäse verrühren. Schoko-Frischkäse erkalten lassen.

2. Den Backofen vorheizen.
Ober-/Unterhitze: etwa 180 °C
Heißluft: etwa 160 °C

3. Für den Teig die Butter oder Margarine mit Zucker, Vanillin-Zucker und Salz mit einem Mixer (Rührstäbe) zunächst kurz auf niedrigster, dann auf höchster Stufe etwa 5 Minuten schaumig schlagen.

4. Die Eier nach und nach unterrühren (jedes Ei etwa ½ Minute). Schmand ebenfalls unterrühren.

5. Mehl mit Backpulver mischen und in zwei Portionen auf mittlerer Stufe kurz unterrühren. Die Raspelschokolade unterheben.

6. Den Teig in die Mulden einer Muffinform (für 12 Muffins, mit Papierbackförmchen ausgelegt) geben und glatt streichen. Jeweils 1 Stück Zartbitter-Schokolade in die Teigmitte stecken. Die Form auf dem Rost in den vorgeheizten Backofen schieben. Die Cupcakes **25–30 Minuten backen.**

7. Die Form auf einen Kuchenrost stellen. Cupcakes etwa 10 Minuten in der Form abkühlen lassen. Anschließend aus der Form lösen und auf dem Kuchenrost erkalten lassen.

8. Für das Topping Sahne mit Sahnesteif steif schlagen. Die Milchcreme zunächst mit 2 Esslöffeln von der Schlagsahne glatt rühren, dann unter die restliche Sahne rühren.

9. Einen Spritzbeutel mit Lochtülle (Ø etwa 8 mm) auf einer Seite mit dem dunklen Schoko-Frischkäse befüllen. Den Spritzbeutel mit der schweren Seite nach unten auf eine Arbeitsplatte legen. Die helle Sahne-Milchcreme vorsichtig auf die dunkle Creme schichten. Das zweifarbige Topping in großen Tupfen auf die Cupcakes spritzen.

10. Die Cupcakes zugedeckt, sodass das Topping nicht zerdrückt wird, etwa 30 Minuten in den Kühlschrank stellen.

TIPP:

Die Cupcakes nach Belieben mit grob zerbrochenen Splittern von dünnen Schokoladen-Täfelchen garnieren.

CUPCAKES & MUFFINS

STRACCIATELLA-STRAWBERRY-CUPCAKES

⏱ Zubereitungszeit: 30 Minuten, ohne Kühlzeit
Backzeit: etwa 25 Minuten

ZUTATEN FÜR 12 STÜCK

ZUM VORBEREITEN:

100 g Butter
24 kleine Erdbeeren

FÜR DEN TEIG:

200 g Weizenmehl
50 g abgezogene, gem. Mandeln
100 Schokotröpfchen
2 gestr. TL Backpulver
1 Prise Salz
100 g Zucker
2 Pck. Bourbon-Vanille-Zucker
2 Eier (Größe M)
150 g Speisequark (20 % Fett)

FÜR DAS TOPPING:

150 g Erdbeeren
100 g Puderzucker
200 g Doppelrahm-Frischkäse
1 Pck. Sofort-Gelatine (15 g)

ZUSÄTZLICH:

12 Muffin-Papierbackförmchen

PRO STÜCK:

E: 9 g, F: 19 g, Kh: 40 g, kcal: 370

1. Zum Vorbereiten die Butter zerlassen und lauwarm abkühlen lassen. Die Erdbeeren putzen, abspülen und gut abtropfen lassen, die Hälfte abgedeckt kalt stellen.

2. Den Backofen vorheizen.
Ober-/Unterhitze: etwa 180 °C
Heißluft: etwa 160 °C

3. Für den Teig Mehl mit Mandeln, Schokotröpfchen, Backpulver und Salz in einer Schüssel mischen.

4. Die flüssige Butter in eine Rührschüssel geben, mit Zucker, Vanille-Zucker und Eiern verrühren.

5. Das Mehlgemisch abwechselnd mit dem Quark mit einem Mixer (Rührstäbe) auf niedrigster Stufe kurz unterrühren.

6. Die Hälfte vom Teig in die Mulden einer Muffinform (für 12 Muffins, mit Papierbackförmchen ausgelegt) geben und je 1 Erdbeere in den Teig stecken. Mit dem übrigen Teig bedecken und glatt streichen. Die Form auf dem Rost in den vorgeheizten Backofen schieben. Die Cupcakes **etwa 25 Minuten backen**.

7. Die Form auf den Kuchenrost stellen. Die Cupcakes etwa 5 Minuten in der Form abkühlen lassen. Anschließend aus der Form lösen und auf dem Kuchenrost erkalten lassen.

8. Für das Topping kurz vor dem Servieren die Erdbeeren putzen, abspülen, gut abtropfen lassen und grob schneiden. In einer hohen Rührschüssel mit dem Puderzucker pürieren. Das Erdbeerpüree durch ein Sieb streichen. Mit Frischkäse und Gelatine mit dem Mixer (Rührstäbe) cremig schlagen. Die Erdbeermasse in einen Spritzbeutel mit großer Sterntülle füllen und auf die Cupcakes spritzen. Mit je 1 kalt gestellten Erdbeere verzieren.

SUPER-CHOC-CHEESE-CUPCAKES

⏱ Zubereitungszeit: 45 Minuten, ohne Abkühlzeit
Backzeit: etwa 35 Minuten

ZUTATEN FÜR 12 STÜCK

FÜR DIE BRÖSELBÖDEN:

16 Kakaokekse mit Vanille-Cremefüllung, ohne Schoko-Überzug
80 g Butter

FÜR DIE CHEESECAKE-CREME:

80 g Zartbitter-Schokolade (etwa 50 % Kakaoanteil)
50 g Schlagsahne
60 g Zucker, 2 Eier (Größe M), 1 Eigelb (Größe M)
300 g Speisequark (20 % Fett)
1 ½ gestr. EL Speisestärke

FÜR DAS TOPPING:

150 g Schlagsahne (mind. 30 % Fett)
½ Pck. Sahnesteif
2 gestr. TL gesiebter Kakao zum Backen
200 g Doppelrahm-Frischkäse
100 g Nuss-Nougat-Creme

ZUSÄTZLICH:

12 Muffin-Papierbackförmchen

PRO STÜCK:

E: 9 g, F: 28 g, Kh: 24 g, kcal: 384

---

1. Für die Bröselböden die gefüllten Kekse durch Drehen voneinander trennen. Die weiße Füllung abschaben, in eine Rührschüssel geben und beiseitestellen. Die schwarzen Kekshälften in einen großen Gefrierbeutel füllen. Den Beutel fest verschließen. Die Kekshälften mit einer Teigrolle fein zerbröseln. Die Butter schmelzen und mit den Keksbröseln sorgfältig vermengen.

2. Den Bröselteig in die Mulden einer Muffinform (für 12 Muffins, mit Papierbackförmchen ausgelegt) geben und mit einem Teelöffel fest zu Böden andrücken.

3. Den Backofen vorheizen.
Ober-/Unterhitze: etwa 180 °C
Heißluft: etwa 160 °C

4. Für die Cheesecake-Creme Schokolade in kleine Stücke brechen. Zwei Drittel davon mit der Sahne in einem Topf im Wasserbad bei schwacher Hitze unter Rühren schmelzen. Den Topf aus dem Wasserbad nehmen und die restliche Schokolade darin unter Rühren schmelzen. Masse etwas abkühlen lassen.

5. Zucker, Eier, Eigelb und Quark zu der abgeschabten Keksfüllung in die Rührschüssel geben. Flüssige Schokoladen-Sahne hinzugeben. Die Zutaten sorgfältig verrühren, die Speisestärke untermischen.

6. Die Cheesecake-Creme gleichmäßig auf den Bröselböden verteilen. Die Form auf dem Rost in den vorgeheizten Backofen schieben. Die Cupcakes **etwa 35 Minuten backen.**

7. Die Form auf einen Kuchenrost stellen. Die Cupcakes in der Form erkalten lassen. Anschließend vorsichtig aus der Form lösen.

8. Für das Topping Sahne mit Sahnesteif und Kakaopulver steif schlagen. Den Frischkäse mit der Nuss-Nougat-Creme glatt rühren, dann in einen Spritzbeutel mit Sterntülle (Ø 7 mm) geben. Nuss-Nougat-Frischkäse in kleinen Rosetten auf die Cupcakes spritzen, dabei immer etwas Abstand lassen.

9. Anschließend die Schokoladen-Sahne in einen Spritzbeutel mit Lochtülle (Ø etwa 7 mm) geben. Kleine Schokoladen-Sahne-Tupfen in die Zwischenräume auf die Cupcakes spritzen.

THAI-CAKES

⏱ Zubereitungszeit: 40 Minuten, ohne Abkühlzeit
Backzeit: 25–30 Minuten

ZUTATEN FÜR 12 STÜCK

FÜR DEN TEIG:

80 g Erdnuss-Cashew-Mix Thai-Style
3 Eiweiß (Größe M)
1 Prise Salz
140 g Zucker
3 Eigelb (Größe M)
160 g Butter oder Margarine (zimmerwarm)
6 EL Milch
160 g Weizenmehl
1 gestr. TL Backpulver

FÜR DAS TOPPING:

100 g Mascarpone
   (ital. Frischkäse, zimmerwarm)
120 g Crème fraîche, 1 EL Puderzucker
30 g weiße Schokolade
12 Physalis (Kapstachelbeeren)

ZUSÄTZLICH:

12 Muffin-Papierbackförmchen

PRO STÜCK:

E: 6 g, F: 23 g, Kh: 27 g, kcal: 345

---

1. Den Backofen vorheizen.
Ober-/Unterhitze: etwa 180 °C
Heißluft: etwa 160 °C

2. Für den Teig den Erdnuss-Cashew-Mix in grobe Stücke hacken. Das Eiweiß und Salz mit einem Mixer (Rührstäbe) auf höchster Stufe steif schlagen. Den Eischnee 3 Minuten weiterschlagen, dabei nach und nach 100 g von dem Zucker unterschlagen.

3. In einer anderen Rührschüssel Eigelb mit Butter oder Margarine und restlichem Zucker mit dem Mixer (Rührstäbe) zunächst kurz auf niedrigster, dann auf höchster Stufe etwa 4 Minuten schaumig schlagen. Die Milch kurz unterrühren.

4. Das Mehl mit dem Erdnuss-Cashew-Mix und dem Backpulver gut vermischen. Die Mehl-Nuss-Mischung in zwei Portionen abwechselnd mit dem Eischnee unter die Eigelb-Fett-Masse rühren.

5. Den Teig in die Mulden einer Muffinform (für 12 Muffins, mit Papierbackförmchen ausgelegt) geben und glatt streichen. Die Form auf dem Rost in den vorgeheizten Backofen schieben. Die Cupcakes **25–30 Minuten backen**.

6. Die Form auf einen Kuchenrost stellen. Cupcakes etwa 5 Minuten in der Form abkühlen lassen. Aus der Form lösen, auf dem Kuchenrost erkalten lassen.

7. Für das Topping Mascarpone mit Crème fraîche und Puderzucker mit dem Mixer (Rührstäbe) auf mittlerer Stufe kurz steif schlagen. Die Schokolade fein raspeln und die Hälfte davon unter die Mascarponecreme heben.

8. Die Mascarponecreme auf den Cupcakes verteilen und mit einem Messer dekorativ verstreichen. Die Cupcakes mit den restlichen Schokoladenraspeln bestreuen und mit je 1 abgespülten, trocken getupften Physalis garnieren.

9. Die Thai-Cakes zugedeckt, sodass das Topping nicht zerdrückt wird, etwa 30 Minuten in den Kühlschrank stellen.

TIRAMISU-MUFFINS, GEFÜLLT

⏱ Zubereitungszeit: 30 Minuten, ohne Abkühlzeit
Backzeit: 20–25 Minuten
▲ Mit Alkohol

ZUTATEN FÜR 12 STÜCK

ZUM VORBEREITEN:

100 g Löffelbiskuits

FÜR DEN RÜHRTEIG:

125 ml Milch (3,5 % Fett)
100 g Zucker
1 Ei (Größe M)
100 ml neutrales Pflanzenöl,
 z. B. Sonnenblumen- oder Rapsöl
200 g Weizenmehl
2 gestr. TL Backpulver

ZUM BETRÄUFELN:

200 ml kalter starker Kaffee
40 ml Amaretto (ital. Mandellikör)

FÜR DIE FÜLLUNG:

250 g Mascarpone (ital. Frischkäse)
100 g Magerquark
40 g Zucker
1 Pck. Bourbon-Vanille-Zucker

ZUM GARNIEREN:

12 Mocca-Bohnen
Puderzucker

ZUSÄTZLICH:

12 Muffin-Papierbackförmchen

PRO STÜCK:

E: 6 g, F: 19 g, Kh: 36 g, kcal: 340

1. Zum Vorbereiten die Löffelbiskuits in einen Gefrierbeutel füllen und mit einer Teigrolle zerbröseln.

2. Den Backofen vorheizen.
Ober-/Unterhitze: etwa 200 °C
Heißluft: etwa 180 °C

3. Für den Teig Milch mit Zucker, Ei und Öl in eine Rührschüssel geben. Die Zutaten mit dem Mixer (Rührstäbe) gut verrühren.

4. Das Mehl mit Löffelbiskuit-Bröseln und Backpulver in einer Rührschüssel gut mischen und unter die Öl-Ei-Masse rühren.

5. Den Teig in die Mulden einer Muffinform (für 12 Muffins, mit Papierbackförmchen ausgelegt) geben und glatt streichen. Die Form auf dem Rost in den vorgeheizten Backofen schieben. Die Muffins **20–25 Minuten backen.**

6. Die Form auf einen Kuchenrost stellen. Muffins etwa 10 Minuten in der Form abkühlen lassen. Anschließend aus der Form lösen und auf dem Kuchenrost erkalten lassen.

7. Zum Beträufeln Kaffee und Amaretto mischen. Für die Füllung Mascarpone mit Quark, Zucker und Vanille-Zucker mit einem Schneebesen gründlich verrühren.

8. Von den Muffins jeweils das obere Drittel als Deckel abschneiden. Alle Schnittflächen mit dem Kaffee-Mix beträufeln. Drei Viertel der Creme in einen Spritzbeutel mit großer Sternentülle füllen und auf die unteren Hälften spritzen. Muffin-Deckel daraufsetzen.

9. Die übrige Creme in den Spritzbeutel füllen, jeweils einen Cremetupfen auf den Deckel spritzen und mit je 1 Mocca-Bohne verzieren. Muffins mit Puderzucker bestäuben.

VON A–Z

T

TOFFEE-ZITRONEN-CAKES

⏱ Zubereitungszeit: 45 Minuten, ohne Abkühlzeit
Backzeit: etwa 30 Minuten

ZUTATEN FÜR 12 STÜCK

FÜR DEN TEIG:

3 Eiweiß (Größe M), 1 Prise Salz
180 g Zucker
3 Eigelb (Größe M)
1 Pck. geriebene Zitronenschale
180 g Butter oder Margarine (zimmerwarm)
180 g Weizenmehl, 2 gestr. TL Backpulver
75 g Crème légère

FÜR DAS TOPPING:

2 Bio-Zitronen (unbehandelt, ungewachst)
50 g Zucker
125 g Sahne-Toffees
350 g Schlagsahne (mind. 30 % Fett)
2 Pck. Sahnesteif, 1 gestr. EL Puderzucker
75 g Crème légère

ZUSÄTZLICH:

12 Muffin-Papierbackförmchen

PRO STÜCK:

E: 5 g, F: 27 g, Kh: 41 g, kcal: 432

---

1. Den Backofen vorheizen.
Ober-/Unterhitze: etwa 180 °C
Heißluft: etwa 160 °C

2. Für den Teig das Eiweiß mit Salz mit einem Mixer (Rührstäbe) auf höchster Stufe steif schlagen. Den Eischnee 3 Minuten weiterschlagen, dabei nach und nach die Hälfte des Zuckers dazugeben.

3. In einer anderen Schüssel Eigelb mit Zitronenschale, Butter oder Margarine und restlichem Zucker schaumig rühren. Mehl mit Backpulver mischen. Das Mehlgemisch abwechselnd mit Crème légère unter die Buttermasse rühren. Eischnee in zwei Portionen auf niedrigster Stufe kurz unterrühren.

4. Den Teig in die Mulden einer Muffinform (für 12 Muffins, mit Papierbackförmchen ausgelegt) geben und glatt streichen. Die Form auf dem Rost in den vorgeheizten Backofen schieben. Die Cakes **etwa 30 Minuten backen.**

5. Die Form auf einen Kuchenrost stellen. Cupcakes etwa 5 Minuten in der Form abkühlen lassen. Anschließend aus der Form lösen und auf dem Kuchenrost erkalten lassen.

6. Für das Topping die Zitronen heiß abspülen, abtrocknen, mit einem Zestenreißer schälen. Zitronen halbieren und den Saft auspressen.

7. Zitronenschale mit 7 Esslöffeln (etwa 80 ml) Zitronensaft und Zucker in einem Topf verrühren, aufkochen lassen und bei schwacher Hitze etwa 1 Minute zugedeckt ziehen lassen. Zitronenschale in einem Sieb abtropfen lassen, dabei den Sud auffangen.

8. Sechs Sahne-Toffees zum Garnieren beiseitelegen. Restliche Sahne-Toffees mit dem aufgefangenen Zitronensud in einem Topf erwärmen, bis sie geschmolzen sind. Die Masse abkühlen lassen.

9. Sahne kurz aufschlagen, 1 Päckchen Sahnesteif mit Puderzucker mischen und nach und nach dazugeben, dabei die Sahne steif schlagen.

10. Crème légère mit dem zweiten Päckchen Sahnesteif und den geschmolzenen Sahne-Toffees verrühren und kurz unter die Sahne rühren.

11. Die Sahnecreme auf den Cupcakes verteilen und mit einem Messer wellenartig verstreichen. Die beiseitegelegten Sahne-Toffees in dünne Scheiben schneiden und darauf verteilen. Cupcakes mit den abgetropften Zitronenschalenstreifen garnieren.

VALENTINE'S-DAY-CUPCAKES

⏱ Zubereitungszeit: 40 Minuten, ohne Kühlzeit
Backzeit: etwa 25 Minuten

ZUTATEN FÜR 12 STÜCK

FÜR DAS GANACHE-TOPPING:

150 g Zartbitter-Schokolade (etwa 50 % Kakaoanteil)
150 g Schlagsahne (mind. 30 % Fett)
50 g weiße Schokolade

FÜR DEN RÜHRTEIG:

125 g Butter oder Margarine (zimmerwarm)
125 g Zucker
5 Tropfen Bittermandel-Aroma, ½ TL gem. Zimt
3 Eier (Größe M)
75 g abgezogene, gem. Mandeln
175 g Weizenmehl
4 ½ gestr. TL Backpulver

ZUM GARNIEREN:

150 g Zartbitter-Kuvertüre (etwa 50 % Kakaoanteil)
etwas Puderzucker

ZUSÄTZLICH:

je 12 Muffin-Backförmchen (Papier und Alu, rosa)
Buchstaben-Ausstechförmchen

PRO STÜCK:

E: 7 g, F: 26 g, Kh: 36 g, kcal: 403

1. Für das Topping die Zartbitter-Schokolade in Stücke brechen. Sahne in einem Topf erwärmen (nicht kochen). Den Topf von der Kochstelle nehmen, die Schokoladenstücke in die Sahne geben und etwa 1 Minute stehen lassen. Die Schokoladensahne mit einem Schneebesen glatt rühren, bis die Schokolade vollständig geschmolzen ist. Die Schokoladensahne etwas abkühlen lassen, dann zugedeckt 2–3 Stunden in den Kühlschrank stellen.

2. Die weiße Schokolade fein hacken.
Den Backofen vorheizen.
Ober-/Unterhitze: etwa 180 °C
Heißluft: etwa 160 °C

3. Für den Teig Butter oder Margarine mit einem Mixer (Rührstäbe) auf höchster Stufe geschmeidig rühren. Nach und nach Zucker, Aroma und Zimt unterrühren. So lange rühren, bis eine gebundene Masse entstanden ist.

4. Eier nach und nach unterrühren (jedes Ei etwa ½ Minute). Die Mandeln mit Mehl und Backpulver mischen, auf mittlerer Stufe kurz unterrühren. Zuletzt die fein gehackte Schokolade unterheben.

5. Den Teig in die Mulden einer Muffinform (für 12 Muffins, mit Papierbackförmchen ausgelegt) geben und glatt streichen. Die Form auf dem Rost in den vorgeheizten Backofen schieben. Die Cupcakes **etwa 25 Minuten backen**.

6. Die Form auf einen Kuchenrost stellen. Cupcakes etwa 5 Minuten in der Form abkühlen lassen. Anschließend aus der Form lösen und auf dem Kuchenrost erkalten lassen.

7. Zum Garnieren die Kuvertüre grob hacken. Zwei Drittel davon in einem Topf im Wasserbad bei schwacher Hitze unter Rühren schmelzen. Den Topf aus dem Wasserbad nehmen und die restliche Kuvertüre darin unter Rühren schmelzen. Die Kuvertüre auf ein Backblech (mit Backpapier belegt) 2–3 mm dick glatt verstreichen. Die Kuvertüre fest werden lassen.

8. Mit den Buchstabenförmchen vorsichtig Buchstaben aus der Kuvertüre ausstechen. Die Schokoladenbuchstaben vorsichtig vom Backpapier lösen.

9. Die Ganache-Creme kurz durchrühren. Auf jeden Cupcake etwas von der Creme verstreichen.

Die Schokoladenbuchstaben vorsichtig in die Creme drücken. Die Cupcakes mit Puderzucker bestäuben.

TIPP:

Sie können zum Garnieren auch die passenden Buchstaben aus einem fertigen Schoko-Dekor-Alphabet oder Schoko-Dekor-Herzen verwenden.

CUPCAKES & MUFFINS

VANILLE-PFIRSICH-MUFFINS

⏱ Zubereitungszeit: 25 Minuten, ohne Abkühlzeit
Backzeit: 20–25 Minuten

ZUTATEN FÜR 12 STÜCK

ZUM VORBEREITEN:

2 reife Pfirsiche (ca. 250 g)
1 EL Zitronensaft

FÜR DIE STREUSEL:

75 g Weizenmehl
25 g Kakao zum Backen
50 g Zucker
25 g Zartbitter-Schokoraspel
1 Prise Salz
50 g kalte Butter
1 EL kaltes Wasser

FÜR DEN TEIG:

250 g Weizenmehl
2 gestr. TL Backpulver
1 Prise Salz
1 Pck. Bourbon-Vanille-Zucker
70 g brauner Zucker
2 Eier (Größe M)
80 ml neutrales Pflanzenöl,
    z. B. Sonnenblumen- oder Rapsöl
200 g Joghurt mit Vanillegeschmack
1 Prise Zimt
100 g Korinthen

ZUSÄTZLICH:

12 Muffin-Papierbackförmchen

PRO STÜCK:

E: 5 g, F: 13 g, Kh: 43 g, kcal: 320

1. Zum Vorbereiten die Pfirsiche überbrühen, kurz ziehen lassen, abschrecken und häuten. Pfirsiche halbieren, entsteinen und klein würfeln. Mit Zitronensaft beträufeln.

2. Für die Streusel Mehl, Kakao, Zucker, Schokoraspel und Salz in einer Schüssel mischen. Butter in kleinen Stücken und 1 Esslöffel kaltes Wasser zugeben und alles mit den Händen oder mit dem Mixer (Rührstäbe) zu Streuseln verkneten. Abgedeckt kalt stellen.

3. Den Backofen vorheizen.
Ober-/Unterhitze: etwa 180 °C
Heißluft: etwa 160 °C

4. Für den Teig Mehl, Backpulver, Salz, Vanille-Zucker und braunen Zucker in einer Schüssel mischen. Die Eier mit Öl, Joghurt und Zimt mit dem Mixer (Rührstäbe) in einer Rührschüssel verrühren. Die Mehlmischung in zwei Portionen nacheinander kurz unter die Joghurtmasse rühren. Pfirsichwürfel und Korinthen unter den Teig heben.

5. Dann den Teig in die Mulden einer Muffinform (für 12 Muffins, mit Papierbackförmchen ausgelegt) füllen und die Schokostreusel gleichmäßig darauf verteilen, leicht andrücken. Die Form auf dem Rost in den vorgeheizten Backofen schieben. Die Muffins **25–30 Minuten backen.**

6. Die Form auf einen Kuchenrost stellen. Die Muffins etwa 10 Minuten in der Form abkühlen lassen. Anschließend aus der Form lösen und auf einem Kuchenrost erkalten lassen.

VANILLE-PUDDING-MUFFINS

⏱ Zubereitungszeit: 30 Minuten, ohne Abkühlzeit
Backzeit: etwa 30 Minuten

ZUTATEN FÜR 12 STÜCK

ZUM VORBEREITEN:

200 g frische oder 150 g TK-Heidelbeeren

FÜR DEN ALL-IN-TEIG:

225 g Weizenmehl
2 gestr. TL Backpulver
50 g Zucker, 1 Pck. Vanillin-Zucker
1 Pck. geriebene Zitronenschale
1 Prise Salz
2 Eier (Größe M)
100 g Butter oder Margarine (zimmerwarm)
100 g Joghurt (3,5 % Fett)

FÜR DIE PUDDINGCREME:

1 Pck. Backfeste Puddingcreme
200 ml Milch (3,5 % Fett)

ZUM BESTÄUBEN:

etwas Puderzucker

ZUSÄTZLICH:

12 Muffin-Papierbackförmchen

PRO STÜCK:

E: 4 g, F: 10 g, Kh: 26 g, kcal: 213

1. Zum Vorbereiten frische Heidelbeeren verlesen, vorsichtig abspülen, sehr gut abtropfen lassen und mit Küchenpapier trocken tupfen (TK-Heidelbeeren nicht auftauen lassen!).

2. Den Backofen vorheizen.
Ober-/Unterhitze: etwa 180 °C
Heißluft: etwa 160 °C

3. Für den Teig Mehl mit Backpulver in einer Rührschüssel mischen. Zucker, Vanillin-Zucker, Zitronenschale, Salz, Eier, Butter oder Margarine und Joghurt hinzufügen. Die Zutaten mit einem Mixer (Rührstäbe) zunächst kurz auf niedrigster, dann auf höchster Stufe in etwa 2 Minuten zu einem glatten Teig verarbeiten.

4. Die Heidelbeeren (TK-Heidelbeeren unaufgetaut) vorsichtig mit einem Teigschaber unterheben (nicht zu stark rühren, die Früchte färben sonst den Teig lila).

5. Den All-in-Teig in die Mulden einer Muffinform (für 12 Muffins, mit Papierbackförmchen ausgelegt) geben und glatt streichen. Jeweils in die Mitte eine Vertiefung drücken.

6. Für die Puddingcreme aus Pudding-Pulver und Milch nach Packungsanleitung – aber nur mit 200 ml Milch – eine Creme zubereiten. Die Creme mit einem Teelöffel in die Vertiefungen geben. Die Form auf dem Rost in den vorgeheizten Backofen schieben. Die Vanille-Pudding-Muffins **etwa 30 Minuten backen**.

7. Die Form auf einen Kuchenrost stellen. Die Muffins etwa 20 Minuten in der Form abkühlen lassen. Anschließend aus der Form lösen und auf dem Kuchenrost erkalten lassen. Die Muffins mit Puderzucker bestäubt servieren.

VANILLE-QUARK-MUFFINS

⏱ Zubereitungszeit: 25 Minuten, ohne Abkühlzeit
Backzeit: etwa 25 Minuten

ZUTATEN FÜR 12 STÜCK

ZUM VORBEREITEN:

175 g Physalis (Kapstachelbeeren)

FÜR DEN ALL-IN-TEIG:

150 g Weizenmehl, 2 gestr. TL Backpulver
1 Prise Salz, 150 g Zucker
1 Pck. Grießbrei nach klassischer Art (92 g)
3 Eier (Größe M)
125 g Butter oder Margarine (zimmerwarm)
200 g Speisequark (40 % Fett)
100 g Vanillejoghurt

FÜR DEN GUSS:

100 g Puderzucker
2–4 TL heißes Wasser oder Zitronensaft

PRO STÜCK:

E: 6 g, F: 13 g, Kh: 39 g, kcal: 304

1. Zum Vorbereiten Physalis abspülen und trocken tupfen. 12 Physalis beiseitelegen. Die restlichen Früchte aus den Hülsen lösen und halbieren.

2. Den Backofen vorheizen.
Ober-/Unterhitze: etwa 180 °C
Heißluft: etwa 160 °C

3. Für den Teig Mehl mit Backpulver und Salz in einer Rührschüssel mischen. Restliche Zutaten hinzufügen und mit einem Mixer (Rührstäbe) zunächst kurz auf niedrigster, dann auf höchster Stufe in etwa 2 Minuten zu einem glatten Teig verarbeiten. Die halbierten Physalis unterheben.

4. Den Teig in die Mulden einer Muffinform (für 12 Muffins, gefettet, bemehlt oder mit Papierbackförmchen ausgelegt) geben und glatt streichen. Die Form auf dem Rost in den vorgeheizten Backofen schieben und die Vanille-Quark-Muffins **etwa 25 Minuten backen**.

5. Die Form auf einen Kuchenrost stellen. Die Muffins etwa 10 Minuten in der Form abkühlen lassen. Anschließend aus der Form lösen und auf dem Kuchenrost erkalten lassen.

6. Für den Guss Puderzucker mit Wasser oder Zitronensaft zu einem dünnflüssigen Guss verrühren. Die Muffins damit besprenkeln. Jeweils 1 Physalis daraufsetzen. Den Guss fest werden lassen.

VERY-BERRY-CAKES

⏱ Zubereitungszeit: 30 Minuten, ohne Abkühlzeit
Gefrierzeit: etwa 6 Stunden

ZUTATEN FÜR 12 STÜCK

FÜR DIE EISMASSE:

200 g TK-Beerenmischung
100 g Gelierzucker (2:1)
100 g kleine Baisertupfen (Fertigprodukt)
350 g Schlagsahne (mind. 30 % Fett)
1 Pck. Vanillin-Zucker

FÜR DAS TOPPING:

150 g Schlagsahne (mind. 30 % Fett)
1 TL Zucker
24 vorbereitete, frische Himbeeren

ZUSÄTZLICH:

12 Muffin-Papierbackförmchen

PRO STÜCK:

E: 2 g, F: 13 g, Kh: 19 g, kcal: 203

1. Für die Eismasse die gefrorenen Beeren mit dem Gelierzucker in einem kleinen Topf bei mittlerer Hitze zum Kochen bringen, dabei ab und zu umrühren. Den Topf von der Kochstelle nehmen und die Beeren erkalten lassen.

2. Die Baisertupfen in einen Gefrierbeutel füllen. Den Beutel fest verschließen. Die Baisertupfen mit einer Teigrolle grob zerbröseln.

3. Die Sahne mit dem Vanillin-Zucker mit einem Mixer (Rührstäbe) steif schlagen. Die Sahne unter die erkalteten Beeren heben. Zuletzt die Baiserbrösel unterheben.

4. Die Eismasse in die Mulden einer Muffinform (für 12 Muffins, mit Papierbackförmchen ausgelegt) geben. Die Muffinform mit Frischhaltefolie zugedeckt mindestens 6 Stunden in das Gefrierfach stellen.

5. Für das Topping Sahne und Zucker mit dem Mixer (Rührstäbe) steif schlagen. Die Sahne in einen Spritzbeutel mit Sterntülle (Ø etwa 1 cm) füllen. Very-Berry-Cakes aus der Muffinform nehmen, mit der Sahne verzieren, mit je 2 Himbeeren garnieren und sofort servieren.

VOLLKORNMUFFINS, GEFÜLLTE

⏱ Zubereitungszeit: 25 Minuten, ohne Abkühlzeit
Backzeit: etwa 30 Minuten

ZUTATEN FÜR 12 STÜCK

FÜR DEN TEIG:

220 g Vollkorn-Weizenmehl
3 gestr. TL Backpulver, 1 Prise Salz
130 g brauner Zucker
1 Pck. Bourbon-Vanille-Zucker
200 ml Buttermilch
100 ml Sonnenblumenöl
2 Eier (Größe M)

FÜR DIE FÜLLUNG:

200 g Schmand (Sauerrahm)
150 g Kirsch- oder Beerenkonfitüre

ZUM BESTÄUBEN:

etwas Puderzucker

PRO STÜCK:

E: 4 g, F: 14 g, Kh: 33 g, kcal: 273

1. Den Backofen vorheizen.
Ober-/Unterhitze: etwa 180 °C
Heißluft: etwa 160 °C

2. Für den Teig Mehl mit Backpulver, Salz, Zucker und Vanille-Zucker in eine Rührschüssel geben und mit einem Schneebesen verrühren.

3. Buttermilch, Sonnenblumenöl und Eier in einem Rührbecher mit dem Schneebesen verrühren. Die flüssigen Zutaten zu der Mehlmischung in die Rührschüssel geben und zu einem glatten Teig verrühren.

4. Den Teig in die Mulden einer Muffinform (für 12 Muffins, gefettet, bemehlt) geben und glatt streichen. Die Form auf dem Rost in den vorgeheizten Backofen schieben. Die Muffins **etwa 30 Minuten backen**.

5. Die Form auf einen Kuchenrost stellen. Muffins etwa 5 Minuten in der Form abkühlen lassen. Anschließend aus der Form lösen und auf dem Kuchenrost erkalten lassen. Muffins waagerecht halbieren.

6. Für die Füllung Schmand glatt rühren. Die unteren Muffinhälften zunächst mit je 1 Esslöffel Schmand bestreichen. Anschließend 1–2 Teelöffel Konfitüre daraufgeben. Die oberen Muffinhälften daraufsetzen und mit Puderzucker bestäuben.

TIPP:

Zum Füllen können Sie auch Apfelkompott oder eine andere Konfitüre, Marmelade oder ein Pflaumenmus verwenden.

WALDMEISTER-ZITRONEN-MUFFINS

⏱ Zubereitungszeit: 15 Minuten, ohne Abkühlzeit
Backzeit: etwa 25 Minuten

ZUTATEN FÜR 12 STÜCK

FÜR DEN SCHÜTTELTEIG:

200 g Weizenmehl
2 gestr. TL Backpulver
1 Prise Salz
125 g Puderzucker
1 Pck. geriebene Zitronenschale
2 Eier (Größe M)
100 ml Sonnenblumenöl
175 ml Limonade mit Waldmeister-Geschmack

FÜR DEN GUSS:

100 g Puderzucker
2–3 TL Zitronensaft

PRO STÜCK:

E: 3 g, F: 10 g, Kh: 33 g, kcal: 235

1. Den Backofen vorheizen.
Ober-/Unterhitze: etwa 180 °C
Heißluft: etwa 160 °C

2. Für den Teig das Mehl mit Backpulver, Salz und Puderzucker mischen, in eine verschließbare Schüssel (etwa 3 l) geben. Zitronenschale, Eier, Sonnenblumenöl und Limonade hinzufügen und die Schüssel mit dem Deckel fest verschließen. Schüssel mehrmals kräftig schütteln (insgesamt 15–30 Sekunden), sodass alle Zutaten gut vermischt sind.

3. Alles mit einem Schneebesen oder Rührlöffel nochmals sorgfältig durchrühren, damit trockene Zutaten vom Rand mit untergerührt werden.

4. Den Teig in die Mulden einer Muffinform (für 12 Muffins, gefettet, bemehlt) geben und glatt streichen.

5. Die Form auf dem Rost in den vorgeheizten Backofen schieben. Die Waldmeister-Zitronen-Muffins **etwa 25 Minuten backen.**

6. Die Form auf einen Kuchenrost stellen. Die Muffins etwa 10 Minuten in der Form abkühlen lassen. Anschließend aus der Form lösen und auf dem Kuchenrost erkalten lassen.

7. Für den Guss Puderzucker mit Zitronensaft zu einer streichfähigen Masse verrühren. Die Muffins damit überziehen. Den Guss fest werden lassen.

TIPP:

Für ein intensives Grün den Teig zusätzlich mit grüner Speisefarbe färben.

WALNUSS-MUFFINS MIT AHORNSIRUP

🕐 Zubereitungszeit: 25 Minuten
Backzeit: etwa 25 Minuten

ZUTATEN FÜR 12 STÜCK

ZUM VORBEREITEN:

100 g Walnusskerne

FÜR DEN TEIG:

50 g Vollkorn-Weizenmehl
150 g Weizenmehl
3 gestr. TL Backpulver
1 Prise Salz
100 brauner Zucker , 1 Pck. Vanillin-Zucker
150 ml Buttermilch
80 ml Sonnenblumenöl
2 Eier (Größe M)

ZUM GARNIEREN UND BESTREICHEN:

12 Walnusskerne
80 ml Ahornsirup (Grad A)

ZUSÄTZLICH:

Holzstäbchen (Schaschlikstäbchen)

PRO STÜCK:

E: 5 g, F: 16 g, Kh: 27 g, kcal: 276

1. Zum Vorbereiten Walnusskerne sehr fein hacken, eventuell in einem Blitzhacker.

2. Den Backofen vorheizen.
Ober-/Unterhitze: etwa 180 °C
Heißluft: etwa 160 °C

3. Für den Teig beide Mehlsorten mit Backpulver, Salz, Zucker, Vanillin-Zucker und gehackte Walnusskerne in einer Rührschüssel mit einem Schneebesen verrühren.

4. Buttermilch, Sonnenblumenöl und Eier in einem Rührbecher mit einem Schneebesen glatt rühren. Die flüssigen Zutaten zu der Mehl-Walnusskern-Mischung in die Rührschüssel geben und zu einem glatten Teig verrühren.

5. Den Teig in die Mulden einer Muffinform (für 12 Muffins, gefettet, bemehlt) geben und glatt streichen. Zum Garnieren die Walnusskerne auf dem Teig verteilen.

6. Die Form auf dem Rost in den vorgeheizten Backofen schieben. Muffins **etwa 25 Minuten backen**.

7. Die Form auf einen Kuchenrost stellen. Die heißen Muffins sofort mit einem Holzstäbchen jeweils um die Nusshälften herum mehrmals einstechen und mit Ahornsirup bestreichen. Sobald der Sirup aufgesogen ist, Muffins aus der Form nehmen und auf dem Kuchenrost erkalten lassen.

WEIHNACHTLICHE CUPCAKES

- Zubereitungszeit: 50 Minuten, ohne Kühlzeit
  Backzeit: 25–30 Minuten
- Mit Alkohol

ZUTATEN FÜR 12 STÜCK

ZUM VORBEREITEN:

100 g getr. Aprikosen, 100 g getr. Pflaumen
80 g getr. Äpfel, 50 g kandierter Ingwer
3 EL Whisky oder Rum
100 ml kochendes Wasser
50 g Rollfondant, 1 EL Puderzucker
etwas Wasser, etwas Zucker

FÜR DEN TEIG:

120 g Butter (zimmerwarm)
1 Prise Salz, 80 g Zucker
2 Eier (Größe M)
120 g Weizenmehl, 1 ½ gestr. TL Backpulver
80 g Kokosraspel

FÜR DAS TOPPING:

180 ml kalte Milch (1,5 % Fett)
1 Pck. Cocos-Sahne-Likör-Mousse
   (Dessertpulver)
2 EL Kokosraspel

ZUSÄTZLICH:

Schneeflocken- und Stern-Ausstechförmchen
12 Muffin-Papierbackförmchen

PRO STÜCK:

E: 4 g, F: 16 g, Kh: 37 g, kcal: 320

---

1. Zum Vorbereiten Aprikosen, Pflaumen, Äpfel und Ingwer grob zerschneiden. Die Früchte in eine Schüssel geben, mit Whisky oder Rum beträufeln und mit kochendem Wasser übergießen. Die Schüssel zugedeckt beiseitestellen.

2. Rollfondant auf etwas Puderzucker etwa 2 mm dick ausrollen, mit Ausstechformen Schneeflocken und Sterne ausstechen. Die Schneeflocken und Sterne dünn mit Wasser bepinseln und mit Zucker bestreuen. Die Rollfondant-Schneeflocken und -Sterne auf einem Bogen Backpapier trocknen lassen.

3. Den Backofen vorheizen.
Ober-/Unterhitze: etwa 180 °C
Heißluft: etwa 160 °C

4. Für den Teig Butter mit Salz und Zucker in einer Rührschüssel mit einem Mixer (Rührstäbe) zunächst kurz auf niedrigster, dann auf höchster Stufe etwa 4 Minuten schaumig schlagen. Eier nach und nach unterrühren (jedes Ei etwa ½ Minute).

5. Mehl mit Backpulver gut vermischen. Die Mehlmischung unter die Eier-Fett-Masse rühren. Früchte mit der Flüssigkeit und den Kokosraspeln mischen, dann unter den Teig heben. Den Teig in die Mulden einer Muffinform (für 12 Muffins, mit Papierbackförmchen ausgelegt) geben und glatt streichen. Die Form auf dem Rost in den vorgeheizten Backofen schieben und die Cupcakes **25–30 Minuten backen**.

6. Die Muffinform auf einen Kuchenrost stellen. Die Cupcakes etwa 5 Minuten in der Form abkühlen lassen. Anschließend aus der Form lösen und auf dem Kuchenrost erkalten lassen.

7. Für das Topping aus Milch und Dessertpulver nach Packungsanleitung eine Mousse herstellen. Die Mousse kurz in den Kühlschrank stellen. Die Mousse in einen Spritzbeutel mit Lochtülle (Ø etwa 1 cm) füllen und in Tupfen auf die Cupcakes spritzen. Die Cupcakes mit Kokosraspeln bestreuen und zugedeckt, sodass das Topping nicht zerdrückt wird, etwa 60 Minuten in den Kühlschrank stellen.

8. Die Cupcakes vor dem Servieren mit den Schneeflocken und den Sternen garnieren.

ZAUBERHUT-MUFFINS

⏱ Zubereitungszeit: 45 Minuten,
ohne Abkühl- und Trockenzeit
Backzeit: 25–28 Minuten

ZUTATEN FÜR 12 STÜCK

FÜR DEN TEIG:

275 g Weizenmehl
2 gestr. TL Backpulver
1 gestr. TL Natron
1 Prise Salz, 120 g Zucker
1 Pck. Vanillin-Zucker
80 ml Sonnenblumenöl
2 Eier (Größe M)
250 g saure Sahne
200 g TK-Beerenmischung

FÜR DIE ZAUBERHÜTE:

125 g helle Vollmilch-Kuchenglasur
125 g weiße Kuchenglasur Zitrone

ZUM BESTREUEN:

evtl. 8 EL gepuffter Amaranth
evtl. Glitzerzucker
evtl. bunte Mini-Perlen
evtl. Stern-Zuckerstückchen
12 Eiswaffel-Tüten (Hörnchen aus
   knusprigem Waffelteig)
1–2 TL Puderzucker

ZUSÄTZLICH:

12 Muffin-Papierbackförmchen

PRO STÜCK:

E: 7 g, F: 19 g, Kh: 57 g, kcal: 435

1. Den Backofen vorheizen.
Ober-/Unterhitze: etwa 190 °C
Heißluft: etwa 170 °C

2. Für den Teig das Mehl mit Backpulver und Natron in einer Rührschüssel mischen. Dann Salz, Zucker und Vanillin-Zucker untermischen. Sonnenblumenöl mit Eiern und saurer Sahne mit einem Mixer (Rührstäbe) verschlagen, zur Mehlmischung in die Rührschüssel geben und alles kurz auf mittlerer Stufe zu einem glatten Teig verrühren. Beerenmischung unaufgetaut kurz unterheben.

3. Den Teig in einer Muffinform (für 12 Muffins, mit Papierbackförmchen ausgelegt) verteilen. Die Form auf dem Rost in den vorgeheizten Backofen schieben. Die Muffins **25–28 Minuten backen**.

4. Die Form auf einen Kuchenrost stellen. Die Muffins in der Form etwa 20 Minuten abkühlen lassen. Dann die Muffins aus der Form lösen und auf dem Kuchenrost vollständig erkalten lassen.

5. Für die Zauberhüte Vollmilch-Kuchenglasur und weiße Kuchenglasur Zitrone getrennt nach Packungsanleitung schmelzen.

6. Sechs Waffeln nach und nach mit der Schokoladen-Glasur bestreichen, die restlichen Waffeln mit der hellen Glasur bestreichen.

7. Die Waffeln sofort mit Amaranth, Glitzerzucker, Mini-Perlen und Stern-Zuckerstückchen bestreuen. Die Waffeln aufrecht (z. B. umgedreht über Schnapsgläsern oder Espressotassen) trocknen lassen.

8. Damit die Waffeln gut auf den Muffins sitzen, je eine halbrunde Kerbe in die Oberfläche der Muffins einschneiden.

9. Muffins mit Puderzucker bestäuben. Die „Zauberhüte" aufsetzen und jeweils leicht in die Kerbe eindrücken. Zauberhut-Muffins anrichten.

ZITRONEN-BAISER-CAKES

⏱ Zubereitungszeit: 40 Minuten, ohne Abkühlzeit
Backzeit: 30–35 Minuten

ZUTATEN FÜR 12 STÜCK

ZUM VORBEREITEN:

1 Bio-Zitrone (unbehandelt, ungewachst)
2 mittelgroße Stängel Rosmarin

FÜR DEN TEIG:

150 g Butter oder Margarine (zimmerwarm)
120 g Zucker, 1 Prise Salz
2 Eier (Größe M), 2 Eigelb (Größe M)
4 EL Milch (3,5 % Fett)
160 g Weizenmehl, 1 gestr. TL Backpulver

FÜR DAS TOPPING:

2 Eiweiß (Größe M)
100 g Zucker
60 g Lemoncurd
1 Stängel Rosmarin

ZUSÄTZLICH:

12 Muffin-Papierbackförmchen

PRO STÜCK:

E: 4 g, F: 13 g, Kh: 32 g, kcal: 259

---

1. Zum Vorbereiten die Zitrone heiß abspülen, abtrocknen und die Schale fein abreiben. Die Zitrone halbieren und den Saft auspressen.

2. Rosmarin abspülen, trocken tupfen und die Nadeln von den Stängeln zupfen. Nadeln fein schneiden.

3. Den Backofen vorheizen.
Ober-/Unterhitze: etwa 180 °C
Heißluft: etwa 160 °C

4. Für den Teig Butter oder Margarine mit einem Mixer (Rührstäbe) auf höchster Stufe geschmeidig rühren. Zucker, Zitronenschale, fein geschnittenen Rosmarin und Salz hinzufügen. Die Zutaten zunächst kurz auf niedrigster, dann auf höchster Stufe etwa 4 Minuten schaumig schlagen. Eier und Eigelb mit der Milch nach und nach unterrühren.

5. Mehl mit Backpulver mischen, auf die Eiermasse geben und unterheben. Den Teig in die Mulden einer Muffinform (für 12 Muffins, mit Papierbackförmchen ausgelegt) geben und glatt streichen.

6. Die Form auf dem Rost in den vorgeheizten Backofen schieben. Cupcakes **25–30 Minuten backen**.

7. Die Form auf einen Kuchenrost stellen. Die Backofentemperatur auf etwa 240 °C erhöhen (gilt für Ober-/Unterhitze und Heißluft).

8. Zitronensaft mit Wasser auf 50 ml ergänzen. Die heißen Cupcakes mit dem Zitronensaft bestreichen. Cupcakes etwa 5 Minuten in der Form abkühlen lassen. Anschließend aus der Form lösen und auf dem Kuchenrost erkalten lassen.

9. Für das Topping Eiweiß mit dem Mixer (Rührstäbe) auf höchster Stufe steif schlagen. Der Schnee muss so fest sein, dass ein Messerschnitt sichtbar bleibt. Nach und nach den Zucker unterschlagen und so lange schlagen, bis der Eischnee stark glänzt.

10. Den Eischnee in einen Spritzbeutel mit großer Sterntülle (Ø 1–1 ½ cm) füllen. Auf jeden Cupcake einen dicken Eischneering spritzen. Die Cupcakes auf ein Backblech stellen.

11. Das Backblech in den heißen Backofen schieben. Den Baiserring **in 3–4 Minuten bräunen**. Die Cupcakes auf einem Kuchenrost erkalten lassen.

12. Lemoncurd glatt rühren. Jeweils 1 Teelöffel davon in die Baiserringe füllen. Rosmarin abspülen, trocken tupfen und die Nadeln von den Stängeln zupfen. Die Cakes mit den Rosmarinnadeln garnieren und sofort servieren.

REGISTER

MIT ALKOHOL

Bananen-Rum-Muffins 27
Black-Forest-Cakes 34
Cranberry-Cakes 48
Cupcakes, weihnachtliche 206
Eierlikör-Beeren-Muffins 56
Fruchttraum-Cupcakes 69
Glühwein-Muffins mit Sahnehäubchen 70
Irish-Cream-Cakes 87
Lime-Cakes 111
Linzer Mandeltörtchen 112
Rotwein-Muffins 170
Rotwein-Muffins mit Crumble 171
Schoko-Muffins mit Knusperhaube 177
Tiramisu-Muffins, gefüllt 192

FÜR KINDER

Ananas-Marzipan-Cupcakes 7
Aprikosen-Kaktus-Muffins 19
Aprikosen-Müsli-Muffins 21
Banana-Lemon-Cakes 24
Brownie-Muffins 38
Chiffon-Cake-Muffins 46
Erdbeer-Cupcakes 57
Fruchtmuffins mit Streuseln 67
Fruchtquark-Muffins 68
Grüne-Wiese-Cakes 73
Halloween-Cakes 74
Hefe-Muffins mit Aprikosenfüllung 76
Heidelbeer-Muffins 80
Himbeer-Frischkäse-Muffins 82
Johannisbeer-Streusel-Muffins 91
Kirsch-Mandel-Muffins 97
Korinthen-Mandel-Muffins 105
Mandarinen-Vanille-Muffins 117
Marienkäfer-Muffins 122
Marshmallow-Rhabarber-Cakes 126
Mini-Cupcakes mit Grießpudding 130
Mini-Soft-Ice-Cupcakes 133

Möhrchen-Cakes 136
Muffins mit Quark 145
Nougat-Muffins 150
Popcorn-Cakes 161
Sauerkirsch-Schoko-Muffins 172
Vanille-Pfirsich-Muffins 199
Vanille-Pudding-Muffins 200
Waldmeister-Zitronen-Muffins 204
Walnuss-Muffins mit Ahornsirup 205
Zauberhut-Muffins 209

SCHNELL & EINFACH

Ananas-Mohn-Muffins 8
Apfelmus-Rosinen-Muffins 12
Aprikosen-Muffins, kernig 20
Aprikosen-Müsli-Muffins 21
Bananen-Rum-Muffins 27
Buchweizen-Beeren-Muffins 41
Caffè-Latte-Muffins 42
Cassis-Muffins mit weißen Schoko-Mandeln 43
Cheesecake-Muffins „Cassis Love" 44
Chiffon-Cake-Muffins 46
Dinkel-Nuss-Muffins 55
Eierlikör-Beeren-Muffins 56
Erdnuss-Cupcakes 59
Fruchtquark-Muffins 68
Heidelbeer-Muffins mit Mohn 81
Honig-Dinkel-Muffins 84
Johannisbeer-Streusel-Muffins 91
Kirsch-Mandel-Muffins 97
Korinthen-Mandel-Muffins 105
Mandarinen-Vanille-Muffins 117
Mango-Maracuja-Muffins 121
Marzipankartoffel-Muffins 129
Mohn-Muffins 135
Muffins mit Quark 145
Nektarinen-Muffins 148
Rotwein-Muffins 170
Rotwein-Muffins mit Crumble 171

Sauerkirsch-Schoko-Muffins 172
Schoko-Ingwer-Muffins 173
Schoko-Marzipan-Muffins 174
Schoko-Minz-Muffins 175
Stachelbeer-Muffins 183
Vanille-Pfirsich-Muffins 199
Vanille-Quark-Muffins 201
Vollkornmuffins, gefüllte 203
Waldmeister-Zitronen-Muffins 204
Walnuss-Muffins mit Ahornsirup 205

FEIN & BESONDERS

Ananas-Litschi Muffins 4
Apfel-Cupcakes 11
Apfel-Rosen-Törtchen 15
Aprikosen-Kaktus-Muffins 19
Aprikosen-Muffins, kernig 20
Avocado-Schoko-Cupcakes 23
Banoffee-Cupcakes 29
Bienenstichtörtchen 30
Black-Forest-Cakes 34
Caffè-Latte-Muffins 42
Cassis-Muffins mit weißen Schoko-Mandeln 43
Cheesecake-Muffins „Cassis Love" 44
Coco Choco 47
Cupcakes „Fürst Pückler" 51
Cupcakes mit Marmor-Topping 52
Cupcakes, weihnachtliche 206
Erdbeer-Pannacotta-Muffins 58
Erdnuss-Krokant-Cakes 60
Espresso-Marzipan-Cakes 63
Florentiner-Cakes 64
Glühwein-Muffins mit Sahnehäubchen 70
Grüne-Wiese-Cakes 73
Hefe-Pflaumen-Cupcakes 78
Heidelbeer-Cupcakes 79
Irish-Cream-Cakes 87
Karamell-Fleur-de-Sel-Cakes 92
Karamell-Muffins 94

Kokos-Cupcakes mit Ananas-Buttercreme 101
Lebkuchen-Muffins
    mit gebrannten Mandeln 109
Lime-Cakes 111
Linzer Mandeltörtchen 112
Maronen-Orangen-Krokant-Cupcakes 125
Marshmallow-Rhabarber-Cakes 126
Mini-Cupcakes „Mohn-Ingwer" 131
Mini-Kokos-Orangen-Muffins 132
Mint-Cakes 134
Möhrchen-Cakes 136
Möhren-Haselnuss-Muffins 139
Mousse-Cakes mit Pfeffer 141
Mozart-Cupcakes 142
Muffins mit Blütenstreuseln 144
Orangen-Schoko-Cakes 153
Pavlova-Cupcakes 154
Pfirsich-Muffins mit Blüten 157
Pinienzapfen 158
Popcorn-Cakes 161
Preiselbeer-Cupcakes, schwedische 178
Pumpernickel-Cupcakes 162
Rhabarber-Muffins mit Baiserhaube 166
Rosen-Trüffel-Cakes 169
Schoko-Muffins mit Knusperhaube 177
Smoothie-Cupcakes 181
Stracciatella-Strawberry-Cupcakes 187
Thai-Cakes 191
Tiramisu-Muffins, gefüllt 192
Toffee-Zitronen-Cakes 195
Valentine's-Day-Cupcakes 196
Very-Berry-Cakes 202
Zauberhut-Muffins 209
Zitronen-Baiser-Cakes 210

GEFÜLLT

Bienenstichtörtchen 30
Hefe-Muffins mit Aprikosenfüllung 76
Hefe-Pflaumen-Cupcakes 78

Hütchen-Muffins 85
Kirsch-Crumble-Cakes 96
Marienkäfer-Muffins 122
Muffins mit Zitronencreme 146
Rotwein-Muffins mit Crumble 171
Schoko-Muffins mit Knusperhaube 177
Smoothie-Cupcakes 181
Super-Choc-Cheese-Cupcakes 188
Tiramisu-Muffins, gefüllt 192
Vollkornmuffins, gefüllte 203

MIT SCHOKOLADE

Apfel-Schoko-Cupcakes mit Waldmeister 16
Avocado-Schoko-Cupcakes 23
Banoffee-Cupcakes 29
Brownie-Muffins 38
Caffè-Latte-Muffins 42
Cassis-Muffins mit weißen Schoko-Mandeln 43
Coco Choco 47
Cupcakes mit Marmor-Topping 52
Dinkel-Nuss-Muffins 55
Eierlikör-Beeren-Muffins 56
Erdbeer-Pannacotta-Muffins 58
Espresso-Marzipan-Cakes 63
Florentiner-Cakes 64
Fruchtquark-Muffins 68
Grüne-Wiese-Cakes 73
Irish-Cream-Cakes 87
Kürbiskern-Muffins 106
Mango-Kokos-Muffins 118
Marzipankartoffel-Muffins 129
Mini-Kokos-Orangen-Muffins 132
Mini-Soft-Ice-Cupcakes 133
Mint-Cakes 134
Mozart-Cupcakes 142
Muffins mit Blütenstreuseln 144
Nektarinen-Muffins 148
Nougat-Cupcakes, herbe 149
Nougat-Muffins 150

Orangen-Schoko-Cakes 153
Popcorn-Cakes 161
Pumpernickel-Cupcakes 162
Rosen-Trüffel-Cakes 169
Sauerkirsch-Schoko-Muffins 172
Schoko-Ingwer-Muffins 173
Schoko-Marzipan-Muffins 174
Schoko-Minz-Muffins 175
Schoko-Muffins mit Knusperhaube 177
Stracciatella-Cupcakes 184
Stracciatella-Strawberry-Cupcakes 187
Super-Choc-Cheese-Cupcakes 188
Valentine's-Day-Cupcakes 196
Zauberhut-Muffins 209

FRUCHTIG

Ananas-Litschi-Muffins 4
Ananas-Marzipan-Cupcakes 7
Ananas-Mohn-Muffins 8
Apfel-Cupcakes 11
Apfel-Rosen-Törtchen 15
Apfel-Schoko-Cupcakes mit Waldmeister 16
Aprikosen-Kaktus-Muffins 19
Aprikosen-Muffins, kernig 20
Aprikosen-Müsli-Muffins 21
Banana-Lemon-Cakes 24
Bananen-Muffins 26
Bananen-Rum-Muffins 27
Birnen-Florentiner-Muffins 33
Black-Forest-Cakes 34
Brombeer-Cupcakes 37
Buchweizen-Beeren-Muffins 41
Cheesecake-Muffins „Cassis Love" 44
Cranberry-Cakes 48
Cupcakes „Fürst Pückler" 51
Cupcakes, weihnachtliche 206
Erdbeer-Cupcakes 57
Erdbeer-Pannacotta-Muffins 58
Fruchtmuffins mit Streuseln 67

REGISTER

Fruchtquark-Muffins 68
Fruchttraum-Cupcakes 69
Hefe-Muffins mit Aprikosenfüllung 76
Hefe-Pflaumen-Cupcakes 78
Heidelbeer-Cupcakes 79
Heidelbeer-Muffins 80
Heidelbeer-Muffins mit Mohn 81
Himbeer-Frischkäse-Muffins 82
Honig-Dinkel-Muffins 84
Johannisbeer-Baiser-Cupcakes 88
Johannisbeer-Streusel-Muffins 91
Kirsch-Cake-Muffins 95
Kirsch-Crumble-Cakes 96
Kirsch-Mandel-Muffins 97
Kirschmichel-Muffins 98
Kokos-Cupcakes mit Ananas-Buttercreme 101
Kokos-Orangen-Muffins 102
Mandarinen-Vanille-Muffins 117
Mango-Kokos-Muffins 118
Mango-Maracuja-Muffins 121
Mini-Cupcakes „Mohn-Ingwer" 131
Mousse-Cakes mit Pfeffer 141
Muffins mit Zitronencreme 146
Nektarinen-Muffins 148
Pavlova-Cupcakes 154
Pfirsich-Muffins mit Blüten 157
Popcorn-Cakes 161
Preiselbeer-Cupcakes, schwedische 178
Rhabarber-Erdbeer-Cupcakes 165
Sauerkirsch-Schoko-Muffins 172
Smoothie-Cupcakes 181
Stachelbeer-Baiser-Cakes 182
Stachelbeer-Muffins 183
Stracciatella-Strawberry-Cupcakes 187
Vanille-Pfirsich-Muffins 199
Vanille-Quark-Muffins 201
Very-Berry-Cakes 202
Zauberhut-Muffins 209
Zitronen-Baiser-Cakes 210

IMPRESSUM

Bei Fragen oder Anregungen wenden Sie sich bitte an folgende Telefonnummer +49 (0) 89-5 48 25 15-0 oder an kontakt@zsverlag.de

Copyright
© 2017 ZS Verlag GmbH
Kaiserstr. 14 b, D-80801 München

ISBN: 978-3-7670-1661-3
2. Auflage 2020

Projektleitung: Karin Garthaus
Lektorat: no:vum, Susanne Noll, Hennef
Rezeptentwicklung und -beratung:
Martina Kittler, München

Nährwertberechnungen: Nutri Service, Hennef, Martina Kittler, München

Titelfotos:
Fotostudio Diercks, Hamburg (8), Katharina Karpenkiel, Kiel (1), Anke Politt, Hamburg (6)

Foodfotografie:
Walter Cimbal, Hamburg (S. 26, 81, 144, 147, 171)
Fotostudio Diercks (Thomas Diercks, Kai Boxhammer, Christiane Krüger, Hamburg (S. 5, 6, 9, 13, 14, 18, 18, 21, 22, 27, 28, 31, 32, 40, 42, 45, 50, 54, 56, 58, 66, 68, 69, 71, 77, 80, 85, 89, 90, 95, 97, 99, 100, 103, 104, 107, 108, 113, 116, 119, 120, 123, 124, 128, 131, 132, 133, 135, 138, 145, 148, 149, 151, 152, 155, 156, 159, 163, 164, 167, 170, 173, 174, 175, 176, 179, 183, 185, 186, 189, 193, 198, 203, 205, 208)
Eising Studio Food Photo & Video, München (S. 57, 59)
Ulli Hartmann, Halle (S. 20, 39, 43, 83, 84, 200, 201, 204)

Katharina Karpenkiel, Kiel (S. 79)
Antje Plewinski, Berlin (S. 172)
Anke Politt, Hamburg (S. 10, 25, 35, 36, 47, 49, 53, 61, 62, 65, 72, 75, 78, 86, 93, 96, 110, 115, 127, 130, 134, 137, 140, 143, 160, 168, 180, 182, 190, 194, 197, 202, 207, 211)
Brigitte Wegner, Bielefeld (S. 94)
Melanie Zanin, Düsseldorf (S. 46)

Gestaltungskonzept:
seidldesign.com, Wolfgang Seidl, Stuttgart
Satz und Titelgestaltung:
Büro 18, Friedberg/Bayern
Lithografie: Jan Russok
Herstellung: Frank Jansen
Druck und Bindung:
optimal media GmbH, Röbel

Kurze Wege schonen die Umwelt
Dieses Buch wurde in Deutschland gedruckt

Die Bücher und E-Books unter der Marke Dr. Oetker Verlag erscheinen als Lizenz in der ZS Verlag GmbH.
redaktion-oetker@zsverlag.de
www.facebook.de/Dr.OetkerVerlag
Die ZS Verlag GmbH ist ein Unternehmen der Edel SE & Co. KG, Hamburg.
www.zsverlag.de
www.facebook.de/zs-verlag

Alle Rechte vorbehalten. All rights reserved. Das Werk darf – auch teilweise – nur mit Genehmigung des Verlags wiedergegeben werden. Die Autoren haben dieses Buch nach bestem Wissen und Gewissen erarbeitet. Alle Rezepte, Tipps und Ratschläge sind mit Sorgfalt ausgewählt und geprüft.